पाँच बौद्ध दार्शनिक

पाँच बौद्ध दार्शनिक

राहुल सांकृत्यायन

वाणी
प्रकाशन

प्रकाशन के उत्कृष्टतम 63 वर्ष

पहला संस्करण : 2022

vaniprakashan.com

वाणी प्रकाशन

4695, 21-ए, दरियागंज, नयी दिल्ली-110 002

फ़ोन : + 91 11 23273167, 23275710

शाखाएँ

अशोक राजपथ, पटना-800 004, बिहार

कॉफ़ी हाउस कैम्पस, महात्मा गांधी मार्ग, प्रयागराज-211 001, उत्तर प्रदेश

महात्मा गांधी अन्तरराष्ट्रीय हिन्दी विश्वविद्यालय, वर्धा-442 001, महाराष्ट्र

sales@vaniprakashan.in

vaniprakashan@gmail.com

Paanch Bauddha Darshnik

by Rahul Sankrityayan

ISBN : 978-81-7055-325-0

Philosophy/Relegion/Buddhism

मूल्य : ₹ 395

जी.एस. ऑफ़सेट, दिल्ली-110 095 में मुद्रित

वाणी प्रकाशन का लोगो मक़बूल फ़िदा हुसैन की कूची से

भूमिका

महापंडित राहुल सांकृत्यायन जी विलक्षण प्रतिभा के धनी थे। उनके पांडित्य, गहन अध्ययन तथा सतत परिश्रम के ही प्रमाण हैं उनके द्वारा लिखित विविध विषयों पर डेढ़ सौ से अधिक ग्रन्थ। संस्कृत साहित्य एवं दर्शन के प्रकाण्ड महापंडित ने बौद्धदर्शन का विशेषकर उसके न्यायदर्शन का भी गंभीर अध्ययन किया था। उनके स्वयं के जीवन-दर्शन पर बौद्धन्यायदर्शन के प्राचीन पाँच आचार्यों—विशेषतः आचार्य धर्मकीर्ति--का गहरा प्रभाव पड़ा था। सन् 1926--1927 के समय जब पंडितजी श्रीलंका के विद्यालंकार परिवेण में अध्यापन और अध्ययन कर रहे थे, उन्हें ज्ञात हुआ कि इन प्राचीन बौद्ध दार्शनिकों के वे अमूल्य ग्रन्थ अब भारतवर्ष में उपलब्ध नहीं हैं, पर तिब्बत के प्राचीन मठों-विहारों में वे मूल अथवा तिब्बती अनुवाद के रूप में सुरक्षित हैं। इन दुर्लभ ग्रन्थों को भारत के लिए पुनः उपलब्ध करने हेतु उन्होंने चार बार (1929, 1934, 1936 और 1938 में) तिब्बत के दुर्गम भूखण्डों की कठिन यात्राएँ कीं। पहली तिब्बत यात्रा में ये दार्शनिक ग्रन्थ उपलब्ध नहीं हो सके, इसीलिए उनको तीन बार और तिब्बत की यात्राएँ करनी पड़ीं।

उक्त पाँच बौद्ध दार्शनिकों में—1. नागार्जुन, 2. असंग, 3. बसुबन्धु, 4. दिङ्नाग और 5. धर्मकीर्ति के नाम मुख्यतः लिये जाते हैं। पंडितजी इन्हीं आचार्यों द्वारा लिखित किन्तु भारत में विलुप्त बौद्धदर्शन ग्रन्थों की खोज में तिब्बत गये थे। इस अभियान में उन्हें किस प्रकार पहले निराशा हाथ लगी, बाद की यात्राओं में उनकी निराशा किस प्रकार आशा में परिणत हुई, इसके बारे में उन्होंने अपने ग्रंथों में विवरण दिया है। जब वे द्वितीय बार 1934 में तिब्बत में तालपोथियों की खोज में गये थे, उस बार की उपलब्धि के सम्बन्ध में पंडितजी लिखते हैं—"साक्या के ङोंर विहार में धर्मकीर्ति का 'वादन्याय' मिला था। ...मैं धमकीर्ति और दिङ्नाग के पीछे दीवाना था--ङोंर गुम्बा में मैंने आज 12 प्राचीन पोथियों को देखा। एक पोथी के दो ग्रन्थ 'हेतुविन्दु' और 'न्यायविन्दु' पर दुर्वेक मिश्र की दो टीकाएँ थीं। ये सभी बौद्धन्याय के ग्रन्थ थे। दिङ्नाग और धर्मकीर्ति जैसे नैयायिकों ने बौद्ध साहित्य को समृद्ध किया था और वे हिन्दुस्तान के सर्वश्रेष्ठ बुद्धिवादी थे। धर्मकीर्ति के इन ग्रन्थों को देख

मैं खुशी से उछलने लगा। मुझे सारे कष्ट भूल गये। औरों का मैं फोटो ही ले सकता था यद्यपि इसमें संदेह था कि मैं उसमें सफल हो जाऊँगा, किन्तु 'वादन्याय' को मैं संयोग के ऊपर नहीं छोड़ सकता था। उसी दिन मैंने उसके तीन पत्र (पन्ने) उतार डाले।"

पहले दिन पंडितजी थोड़े ही ग्रन्थों को खोजने में सफल हुए थे। आगे और ग्रन्थों को प्राप्त करने की अदम्य इच्छा से वे पुनः साक्या के ङोंर मठ में गये। वे कहते हैं—"अगले दिन (4 अक्टूबर 1934) बाकी 27 पोथियों को देखा। उनमें सबसे अधिक महत्त्वपूर्ण थीं – (1) वादन्याय टीका, (2) अभिधर्मकोष मूल, (3) सुभाषित कोष, (4) अमरकोष टीका, (5) न्यायविन्दुपंजिका टीका (धमोत्तर+दुर्वेक मिश्र रचित), (6) हेतुविन्दु अनुटीका (धर्माकरदत्त-अर्चट+दुवेक मिश्र रचित), (7) प्रातिमोक्ष सूत्र (लोकोत्तरवाद), (8) मध्यांतविभंग भाष्टा।"

आज की उपलब्धि से पंडितजी और आशान्वित हो उठते हैं। तालपोथियें की खोज जारी रहती है। उनके साथ गोरो गेदुम छोम्फेल (गेशे संद्धर्मवर्धन) भी हैं। 11 अक्तूबर उनके लिए अति प्रसन्नता का दिन था। वे लिखते हैं, "एकाएक गेशे के हाथ में एक 25 इंच लम्बी और 4 इंच चौड़ी कागज की पुस्तक आई। देखने पर मालूम हुआ कि यह 'प्रमाण वार्तिक' के डेढ़ परिच्छेदों पर प्रज्ञाकर गुप्त का भाष्य 'वार्तिकालंकार' है। बड़ी महत्त्व की पुस्तक हाथ में लगी, इसमें संदेह नहीं। हमारा उत्साह और बढ़ा। दूसरे दिन फिर देखने पर एक तालपत्र की पुस्तक मिली। वह उतना महत्त्वपूर्ण ग्रन्थ नहीं था। वह 'प्रमाणवार्तिक भाष्य' विभूतिचन्द्र के हाथ का लिखा हुआ था।"

1934 में पंडितजी तिब्बत से नेपाल के रास्ते भारत लौट आते हैं। नेपाल से आने का मुख्य कारण था—नेपाल के राजगुरु पंडित हेमराज शर्मा जी स्वयं संस्कृत तथा बौद्धदर्शन के भी पंडित थे, से मिलकर धर्मकीर्ति के 'प्रमाणवार्तिकम्' की मूल प्रति का पता लगाना। राजगुरु के पास उक्त ग्रंथ की मूल संस्कृत प्रति थी, किन्तु उसके 10 पन्ने लुप्त थे जो किसी प्रकार मिले ही नहीं। राजगुरु के संग्रहालय में ही एक कागज पर सोने से लिखी 'अष्ट- साहस्रिका प्रज्ञापारमिता' भी मिली जिसे आचार्य नागार्जुन ने स्वयं अपने हाथ से लिखा था।

तिब्बत की द्वितीय यात्रा (1934) में पंडितजी को कुछ उपलब्धि तो अवश्य हुई, पर धर्मकीर्ति के मूल ग्रन्थ का उद्धार करना उनका विशेष उद्देश्य था, और इसीलिए 1936 में फिर उन्होंने तिब्बत की यात्रा की। इस यात्रा में भी उनके साथ गेशे गेदुन छोम्फेल सहयोगी के रूप में थे। 25 मई, 1936 को साक्या स्थित ङोर गुम्बा से हुई उपलब्धि के बारे में पंडितजी लिखते हैं—'मुझे जरूरत थी संस्कृत की

तालपोथियों की। (गुम्बा के अँधेरे में) इधर-उधर मारने पर तालपोथियों पर हाथ पड़ा। इन पर कपड़ा नहीं लिपटा था। दो लकड़ियों की तख्तियों के बीच मोटे डोरे से आरपार छेद करके बँधी ये पुस्तकें एक जगह मिलीं—एक, दो, तीन, चार....बीस पोथियाँ निकल आईं। कुछ को तिब्बती पोथियों के बीच में मैंने खोलकर देखना शुरू किया।

"मेरे आनन्द की सीमा नहीं रही जब देखा कि 'वार्तिकालंकार' (प्रमाणवार्तिक भाष्य) सम्पूर्ण वहाँ मौजूद है। कर्णकगोमिकृत 'स्ववृत्ति टीका' भी है अर्थात् 'प्रमाणवार्तिक' की टीका और भाष्य महान् दार्शनिक असंग की महत्त्वपूर्ण पुस्तक 'योगाचारभूमि' भी वहाँ मौजूद थी....मैं 'स्ववृत्ति' और 'वार्तिकालंकार' साथ लेकर चला आया।" डेरे पर आकर 20 जून से 28 जून तक उन्होंने वार्तिकालंकार लिखकर समाप्त कर दिया।

सन् 1934 की यात्रा में तिब्बत की तीसरी यात्रा में साक्या आना पंडितजी के लिए बहुत सफल रहा। इस साल उनको टाइफाइड ज्वर की अवस्था में पटना अस्पताल में रहना पड़ा। वे कहते हैं, "टाइफ़ाइड के जमाने से ही मेरी मुँह धर्मकीर्ति का नाम नहीं था बल्कि ञेवम (येंनम्) से चलने के बाद मैंने स्वप्न में देखा था कि किसी ने तालपत्र की पुस्तकें मेरे हाथ में दीं, खोलकर देखने पर उनमें दिङ्नाग का 'प्रमाणसमुच्चय' और धर्मकीर्ति की ग्रंथराशि थे।"

खैर, इस बार की यात्रा में भी पंडितजी आचार्य दिङ्नाग के ग्रन्थों—'प्रमाणसमुच्चय' और 'न्यायमुख' को तो प्राप्त नहीं कर सके किन्तु धर्मकीर्ति के समग्र ग्रन्थों के पाने में उन्हें आशातीत सफलता मिली। उन्हें सारा 'प्रमाणवार्तिक' ही नहीं मिल गया बल्कि उसके एक परिच्छेद पर ग्रन्थकर्त्ता की अपनी वृत्ति (स्ववृत्ति) और उस पर कर्णकगोमि की विस्तृत टीका मिली जिनको उन्होंने साक्या में बैठकर उतार डाला। पीछे स्ववृत्ति के खंडित अंशों को तिब्बती अनुवाद और टीका के सहारे उन्होंने फिर से संस्कृत में कर डाला। बाद में दोनों पुस्तकें छप भी गईं।

'प्रमाणवार्तिक' के बाकी तीन परिच्छेदों पर प्रज्ञाकर गुप्त का 'वार्तिकालंकार'—वृहद्द भाष्य—जो बहुत अनमोल पुस्तक है, इसको भी राहुलजी ने साक्या में उद्धार किया। इन सबकी प्रतिलिपि तैयार हो गई। फिर साक्या के ही शलू मठ में जाने पर 'प्रमाणवार्तिक' की एक और बहुत ही सुन्दर वृत्ति मनोरथनन्दी-कृत मिली। उसकी भी पंडितजी ने प्रतिलिपि बनाई और बाद में उसे सम्पादित करके छाप दिया।

पंडितजी अपने अनुसन्धान के सम्बन्ध में कहते हैं—"'वादन्याय' को मैं पहले ही सम्पादित कर चुका था। इस प्रकार 'प्रमाणवार्तिक' और 'वादन्याय' यह दो धर्मकीर्ति के ग्रन्थ प्रकाशित हो चुके हैं। 'न्यायविन्दु' पहिले ही से मिल चुका था।

'हेतुबिन्दु' को भी मैं तिब्बती अनुवाद और अर्चट (धर्माकरदत्त) की टीका के सहारे संस्कृत में कर चुका हूँ। अर्चट की टीका और न्यायविन्दुपंजिका (धर्मोत्तर) के ऊपर दुर्वेक मिश्र की टीकाएं ङोंर गुम्बा में मिलीं। धर्मकीर्ति की 'सम्बन्ध परीक्षा' को भी मैं संस्कृत में तैयार कर चुका हूँ। अब धर्मकीर्ति के न्याय के सात ग्रन्थों में 'सन्तानान्तरसिद्धि' और 'प्रमाण विनिश्चय' दो ग्रन्थ सिर्फ तिब्बती अनुवाद में मिलते हैं जिन्हें मूल या तिब्बती अनुवाद से संस्कृत में कर किसी वक्त प्रकाशित करना होगा।''

ङोंर गुम्बा में एक बाक्स खोला गया। उसमें 39 बण्डल (मुट्ठे) तालपोथियों के मिले। इसमें मनोरथनन्दी की 'प्रमाणवार्तिक वृत्ति' तथा 'प्रमाणवार्तिक' मूल के तीन परिच्छेद उनको मिले। वे फिर 13 अगस्त 1936 को शलू-विहार में गये। यहाँ की पुस्तकों में मध्यमक हृदय (भाष्य), 'विग्रहव्यावर्तनी' (नागार्जुन की), 'प्रमाणवार्तिक वृत्ति' (मनोरथनन्दी की) और 'क्षणभंगाध्याय' (ज्ञानश्री मित्र की) पुस्तकें मिलीं।

इस बार की यात्रा में पंडितजी को अभूतपूर्व सफलता मिली। वे कहते हैं, ''अब की बार सबसे जरूरी काम था 'योगाचार भूमि' (असंग) को उतारना। 'योगाचार भूमि' की मूल प्रति घर में लाकर उसे कापी करने के काम में जुट गया। यह आठ-दस हजार श्लोक के बराबर का ग्रन्थ है। मैं 500 श्लोक के बराबर रोज लिख दिया करता था।''

आचार्य असंग के इस बहुमूल्य ग्रंथ 'योगाचार भूमि' को राहुलजी फोटो के भरोसे नहीं छोड़ना चाहते थे इसलिए उन्होंने निश्चय किया कि तिब्बत में रहकर ही उसकी प्रतिलिपि बना लें। उन्होंने प्रतिदिन 500 श्लोक की कापी करने की गति रखी इसलिए 16 दिन में उसके पूरा होने की संभावना थी। श्लोक का अर्थ यह नहीं कि 'योगाचार भूमि' पद्यपद्ध है। वस्तुतः उसमें श्लोक तो बहुत थोड़े हैं, अधिकतर ग्रंथ गद्य में था। पंडितजी आगे कहते हैं, ''इतने परिश्रम से हमने 'प्रमाणवार्तिक भाष्य', 'योगाचार भूमि' और 'तर्कज्वाला' जैसे अत्यन्त दुर्लभ तथा महत्त्वपूर्ण ग्रन्थों की तिब्बत में बैठकर कापी की थी। आज 15 वर्ष के बाद भी (1951) देख रहे हैं कि 'प्रमाणवार्तिक भाष्य के प्रकाशन का कोई प्रबन्ध नहीं हो सका।*

'योगाचार' भूमि को महामहोपाध्याय विधुशेखर भट्टाचार्य ने बुढ़ापे की अक्षमता के रहते भी बड़े उत्साह के साथ उसके तिब्बती और चीनी अनुवादों से मिलाकर सम्पादित किया। उसके कुछ फर्मे ही राहुलजी के जीवनकाल में छपे थे। कई वर्षों के बाद वह पुस्तकाकार में छप सकी।

---

*1954 ई0 में इसका प्रकाशन हो गया।

'तर्कज्वाला' को प्रोफेसर गोखले सम्पादन कर रहे थे। इसके लिए खास तौर से उनको सरकार की ओर से तिब्बत भेजा गया था। पर किन्हीं कारणों से गोखलेजी को भारत वापस बुलाया गया और यह काम पूरा न हो सका जिसके लिए राहुलजी क्षुब्ध थे।

13 अगस्त 1936 को शलू-विहार में उपलब्ध हुई पुस्तकों में 'मध्यमकहृदय' (भाष्य),'विग्रहव्यावर्तनी' (नागार्जुन), 'प्रमाणवार्तिक वृत्ति' (मनोरथ बन्दी-कृत) और 'क्षणभंगाध्याय' (ज्ञानश्री) को पंडितजी को तीन महीने साथ रखने के लिए गुम्बा (विहार) के पाँचों पंचों ने इजाजत दी थी।

दार्शनिक

आचार्य नागार्जुन बौद्ध दर्शन में 'शून्यवाद' के प्रवर्तक हुए। उनको उन दार्शनिकों से शिकायत थी कि उन्होंने अपनी अस्तित्ववादी दृष्टि की परिधि में विविध प्रकार के 'अस्ति-नास्ति' वादी पक्षों को खड़ा किया है और उसके आधार पर जगत् में मिथ्या दृष्टियों को जन्म दिया है और परम्परागत मान्यताओं को पुष्ट किया है जिससे बुद्ध की प्रेरणाओं की यथार्थता छिप गई है।

आचार्य नागार्जुन का दर्शन मानव की प्रगतिशील विचारधारा का प्रतीक है। न केवल भारतीय दर्शनों में ही इसका महत्त्वपूर्ण स्थान है, बल्कि आधुनिक विज्ञान के युग में भी यह महत्त्वपूर्ण है। नागार्जुन ने दृष्टिवाद की सीमा ही नहीं उसकी अयुक्ति-युक्तता को विशद रूप से व्याख्यायित किया है और किसी भी प्रकार के दृष्टिवाद को वे तर्कसंगत नहीं कहते। वह सत्य या चेतना के शुद्ध रूप को सत्-असत् की कोटियों से परे मानते थे और भाषातीत होने से वह उसे शून्य कहते थे। प्रतीत्य समुत्पाद के इसी विच्छिन्न प्रवाह को लेकर नागार्जुन ने अपने शून्यवाद को विकसित किया।

राहुलजी ने अपनी दार्शनिक शैली में इन गहन तथ्यों को सरल ढंग से समझाने का प्रयत्न किया है।

असंग—नागार्जुन के बाद दूसरे महान् बौद्ध दार्शनिक आचार्य असंग हुए जिनके अद्वैत विज्ञानवाद को छठी शताब्दी के शंकराचार्य ने भी ग्रहण किया था। अद्वैत विज्ञानवाद के विषय की उनकी यह महत्त्वपूर्ण कृति 'योगाचार भूमि' की प्रतिलिपि राहुलजी तिब्बत से तैयार करके लाये थे। 'योगाचारभूमि' के कर्ता असंग का बौद्धदर्शन में क्या महत्त्व है पंडितजी ने इसको व्याख्यायित करने की चेष्टा की है। वे असंग के दार्शनिक विचारों को प्रतीत्य समुत्पाद के आधार पर समझाने का प्रयत्न करते हैं।

वसुबन्धु—दार्शनिक वसुबन्धु आचार्य असंग के अनुज थे और बौद्धों के विज्ञानवाद एवं योगाचार दर्शन के आचार्य थे। इनका अभिधर्मकोष भाष्य और विज्ञप्तिमात्रता सिद्धि जैसे ग्रन्थों का बौद्धदर्शन में महत्त्वपूर्ण स्थान है। इनके दार्शनक विचारों को भी पंडितजी ने यहाँ व्याख्यायित किया है।

दिग्नाग—आचार्य दिग्नाग के सम्बन्ध में तिब्बत की तालपोथियों के द्वारा विशेष सूचनाएँ नहीं मिल सकीं। इनके प्रसिद्ध ग्रंथ 'प्रमाण समुच्चय' और 'न्यायमुख' को तिब्बत की यात्राओं में पंडितजी प्राप्त नहीं कर सके। अभी तक मूल संस्कृत ग्रंथ तो शायद ही प्राप्त हुआ हो, परन्तु तिब्बती अनुवाद के आधार पर उन्होंने इन ग्रथों को पुनः संस्कृत रूप दिया है। दिग्नाग के बौद्ध न्यायदर्शन को भी उन्होंने प्रस्तुत कृति में सरल ढंग से समझाने का प्रयत्न किया है। दिग्नाग के 'प्रमाण समुच्चय' के सम्मुख तर्कशास्त्र की दृष्टि से ब्राह्मण-परम्परा आज भी हतप्रभ हो जाती है, यही बौद्धन्याय की विशेषता है।

धर्मकीर्ति—आचार्य धर्मकीर्ति का 'प्रमाणवार्तिकम्' अपने मूल संस्कृत रूप में ही मिल गया था। 'प्रमाणवार्तिकम्' बौद्धन्यायदर्शन की रीढ़ है और समस्त भारतीय दर्शन में उसका प्रमुख स्थान है। प्रमाणवार्तिक को समझने के लिए न्याय के ग्रन्थों का एक विशाल परिवार है जिसका उल्लेख ऊपर हो चुका है। धर्मकीर्ति के दार्शनिक विचारों से राहुलजी अत्यधिक प्रभावित रहे, और यहाँ धर्मकीर्ति के इन विचारों का प्रतिपादन करते हुए वे हिन्दी के पाठकों के लिए प्रचुर सामग्री प्रस्तुत कर रहे हैं।

'पाँच बौद्ध दार्शनिक' जैसे गहन विषय की पुस्तक को राहुलजी के सुधी पाठकों को उपलब्ध कराने के लिए वाणी प्रकाशन के श्री अरुण माहेश्वरी के प्रति हम आभारी हैं।

नई दिल्ली —कमला सांकृत्यायन

11 फरवरी 1994 (राहुल जन्मशती वर्ष)

अनुक्रमणिका

ཀླུ་སྒྲུབ་

१

नागार्जुन (१७५ ई०)

नागार्जुन बहुमुखी प्रतिभा के धनी थे। दर्शन में माध्यमिक दर्शन उनकी महान् देन है। उन्हें योगी और सिद्ध भी बतलाया जाता है। सिद्ध होने में संदेह है क्योंकि सिद्धों के वज्रयान के उदय होने में अभी पांच-छः शताब्दियों की देर थी। वज्रयान के आदिसिद्ध सरहपा ईसा की आठवीं सदी के मध्य में मौजूद थे। नागार्जुन को उनका शिष्य बना दिया गया और दोनों के कालों के महान् अन्तर का समाधान करने के लिए सिद्ध नागार्जुन की आयु ६०० वर्ष की कर दी गयी। दार्शनिक नागार्जुन और सिद्ध नागार्जुन एक नहीं हो सकते। नागार्जुन को आयुर्वेद का भी आचार्य माना जाता है। रस, धातु-भस्म का तो उन्हें आदिगुरु मानने का कारण भी है। पर नागार्जुन के नाम से जितनी कृतियों और गुणों को सम्बन्धित किया जाता है, उन सब पर विश्वास नहीं किया जा सकता।

जीवनी

हमारे देश में जीवनी को लिखने में जो उदासीनता दिखलाई जाती रही है, उसके कारण नागार्जुन के विचारों और कृतियों के बारे में जितना हम जानते हैं, उतना उनके जीवन के बारे में नहीं जानते। इतना ही मालूम है कि वह विदर्भ के एक ब्राह्मणकुल में पैदा हुए थे। उनके बाल्य के बारे में हम अनुमान कर सकते हैं कि वह एक प्रतिभाशाली विद्यार्थी थे। ब्राह्मणों के ग्रंथों का गंभीर अध्ययन भी उन्होंने किया होगा और फिर किसी तरह बौद्ध विचारधारा के सम्पर्क में आकर वह बौद्ध भिक्षु बने। यद्यपि श्रीपर्वत पीछे तंत्रयान का महापीठ बना, परन्तु वह पहले ही से अपने महाविहारों, चैत्यों तथा विद्वान् भिक्षुओं के लिए ख्याति रखता था।

श्रीपर्वत आजकल का गुंटूर जिले का नागार्जुनी कोंडा (नागार्जुन पर्वत) है, यह वहां मिले अभिलेखों से सिद्ध हो चुका है। नागार्जुनी कोंडा अब नागार्जुन सागर का रूप लेने जा रहा है। श्रीपर्वत के पुरातात्विक अवशेष इसी सागर की पेंदी में लुप्त होने जा रहे हैं। हमारी सरकार कोशिश कर रही है कि पुरातत्व की सामग्रियों को भरसक लुप्त होने न दिया जाय। इसके लिए बांध-निर्माण के साथ-साथ पुरातात्विक खुदाई भी जारी है। श्रीपर्वत में नवपाषाण-युग के अवशेष हाल ही में मिले हैं। कृष्णा नदी के तट पर अवस्थित श्रीपर्वत अपने प्राकृतिक सौन्दर्य से सहृदयों को बराबर आकर्षित करता रहा है। बौद्ध भिक्षु सभी देशों में अपने विहारों को अत्यन्त रमणीय स्थान में निर्माण करने की ख्याति रखते थे।

नागार्जुन सातवाहन कुल के अपने समकालीन राजा के श्रद्धाभाजन थे। उन्होंने अपने सुहृत् सातवाहन राजा—जो सम्भवतः गौतमी-पुत्र यज्ञश्री (१६६-१६६ ई०) था—के नाम एक पत्र लिखा था जो सुहृल्लेखके नाम से तिब्बती और चीनी अनुवाद के रूप में आज भी सुरक्षित है। इसमें नागार्जुन ने अपने मित्र को जो शिक्षाएं दी हैं, उसके कुछ अंश हैं—

६. धन को चंचल और असार समझ धर्मानुसार उसे भिक्षुओं, ब्राह्मणों, गरीबों और मित्रों को दो, दान से बढ़कर दूसरा मित्र नहीं है।

७. निर्दोष, उत्तम, अमिश्रित, निष्कलंक, शील—सदाचार—को कार्यरूप में प्रकट करो, सभी प्रभुताओं का आधार शील है, जैसे कि चराचर का आधार धरती है।

८. २१. दूसरे की स्त्री पर नजर न दौड़ाओ, यदि देखो तो आयु के अनुसार उसे मां, बहन या बेटी की तरह समझो।

२६. तुम जग को जानते हो, संसार की आठ स्थितियों—लाभ-अलाभ, सुख-दुख, मान-अपमान, स्तुति-निन्दा में समान भाव रखो, क्योंकि वह तुम्हारे विचार के विषय नहीं हैं।

३७. किन्तु उस एक स्त्री (अपनी पत्नी) को परिवार की अधिष्ठात्री

देवी की भांति सम्मान करना, जो कि बहन की भांति मंजुल, मित्र की भांति विजयिनी, माता की भांति हितैषिणी, सेवक की भांति आज्ञाकारिणी है।

४६. यदि तुम मानते हो कि मैं रूप--भौतिक तत्त्व--नहीं हूं तो इससे तुम समझ जाओगे कि रूप आत्मा नहीं है, आत्मा रूप में नहीं है, रूप आत्मा में नहीं बसता। इसी तरह दूसरे (वदना आदि) चार स्कंधों के बारे में भी जानो।

५०. ये स्कंध न इच्छा से, न काल से, न प्रकृति से, न स्वभाव से, न ईश्वर से और न बिना हेतु के पैदा होते हैं, समझो कि वे अविद्या और तृष्णा से उत्पन्न होते हैं।

५१. जानो कि धार्मिक क्रिया-कर्म--शीलव्रतपरामर्श--झूठा दर्शन, (सत्काय दृष्टि) और संशय (विचिकित्सा) में आसक्ति तीन बेड़ियां (संयोजन) हैं।

दर्शन

नागार्जुन मुख्यतः महान् दार्शनिक और विचारक थे। इसी क्षेत्र में उन की प्रतिभा का चमत्कार देखा जाता है। सौभाग्य से वह ऐसे समय पैदा हुए थे जब कि हमारे देश में दर्शन पर आधुनिक ढंग से चर्चा प्रारंभ हुई थी। ब्राह्मणों के छहों दर्शनों में सांख्य अपने पुराने रूप में तथा वैशेषिक मूल रूप में अस्तित्व में आ चुका था। कुछ और भी तर्कसम्मत विचार-धाराएं प्रचलित थीं, जिनके मूल ग्रंथ अब नहीं मिलते। नागार्जुन ने बुद्ध के अनात्म दर्शन को शून्यता का नाम दिया है। अपने ग्रंथ "विग्रहव्यवर्तिनी" की ७१वीं कारिका में शून्यता की महिमा गाते हुए वह कहते हैं--

प्रभवति च शून्यतेयं यस्य प्रभवन्ति तस्य सर्वाथाः।
प्रभवति न तस्य किंचित् न भवति शून्यता यस्य।।

(जो इस शून्यता को समझ सकता है, वह सभी अर्थों को समझ सकता है। जो शून्यता को नहीं समझता वह कुछ भी नहीं समझ सकता।)

शून्यता की व्याख्या करते इसी ग्रंथ की टीका में उन्होंने लिखा है--

"इह हि यः प्रतीत्य भावानां भावः सा शून्यता। कस्मात् ? निःस्वभावत्वात्। ये हि प्रतीत्य समुत्पन्ना भावास्ते न सस्वभावा भवन्ति। स्वभावाभावात्। कस्मात्? हेतुप्रत्ययापेक्षत्वात् यदि हि स्वभावतो भावा भवेयुः। प्रत्याख्यायापि हेतुप्रत्ययंच भवेयुः।"

उक्त उद्धरण से मालूम होगा कि अपने शून्यवाद को उन्होंने बुद्ध के मौलिक सिद्धान्त प्रतीत्यसमुत्पाद का पर्याय माना है। बिना किसी अपवाद के संसार की सभी वस्तुओं को बुद्ध ने अनित्य (क्षणिक) माना है। पीछे आचार्यों ने इसी बात को स्पष्ट करते हुए कहा—"यत् सत् तत् क्षणिकं।" जो वास्तविक है वह क्षणिक है अर्थात् जो क्षणिक नहीं है वह वास्तविक नहीं है। इसी स्थिति में कार्य और कारण के बीच सम्पर्क स्थापित करने वाली कोई वस्तु नहीं हो सकती। इसीलिए बुद्ध ने कार्य-कारण नियम के बारे में कहा—अस्मिन् सति इदं भवति—यह कारण था, तो यह कार्य बना। कारण के अतीत हो जाने पर कार्य की उत्पत्ति होती है। दोनों एक क्षण में अवस्थित नहीं होते। उनका पारस्परिक संबंध यही है कि कारण के नष्ट होने के तुरन्त बाद जो वस्तु सत्ता ग्रहण करती है, वह कार्य है। दोनों में कोई स्थायित्व रखने वाली वस्तु नहीं। दोनों नित्य तत्त्व से शून्य हैं। बुद्ध के शून्यता (प्रतीत्यसमुत्पाद) तथा मध्यम प्रतिपदा (मार्ग) पर नागार्जुन मुग्ध थे, इसीलिए वह "विग्रहव्यावर्तनी" की अंतिम कारिका (७२) में कहते हैं—

यं शून्यतां प्रतीत्यसमुत्पादं मध्यमां प्रतिपदमनेकार्थं।
निजगाद प्रणमामि तमप्रतिमसंबुद्धमिति।।

नागार्जुन ने इस लघु ग्रंथ को मुख्य तौर पर न्यायशास्त्र के विरुद्ध लिखा है। पर, यह न्यायशास्त्र अक्षपाद गौतम का नहीं था, क्योंकि गौतम ने नागार्जुन के तर्कों का उत्तर अपने सूत्रों में (१।१।८।१६) में दिया है।

नागार्जुन माध्यमिक दर्शन (शून्यवाद) के प्रथम आचार्य थे। इसी पर उन्होंने माध्यमिक कारिका लिखी। वह वस्तुसत्ता के सापेक्ष होने को सिद्ध करते कहते हैं— न सत् है, न अ-सत् है, न सत् और असत् दोनों है। न

सत् असत् दोनों नहीं है। "कारक है यह कर्म के निमित्त (प्रत्यय) से नहीं कह सकते हैं, कर्म यह कारक के निमित्त से, यह छोड़ दूसरा (सत्ता की) सिद्धि का कारण हम नहीं देखते।

—माध्यमिक कारिका १.६८

इस प्रकार कारक और कर्म की सत्यता अन्योन्याश्रित है अर्थात् स्वतंत्र रूप से दोनों में एक की भी सत्ता सिद्ध नहीं है। फिर स्वयं असिद्ध वस्तु दूसरे को क्या सिद्ध करेगी ? ऐसे न्याय को लेकर नागार्जुन कहते हैं कि किसी की सत्ता सिद्ध नहीं की जा सकती। सत्ता और असत्ता भी इसी तरह एक दूसरे पर आधारित हैं। इसलिए ये अलग-अलग, दोनों या दोनों के रूप में भी सिद्ध नहीं किये जा सकते।

कर्ता और कर्म का निषेध करते हुए नागार्जुन फिर कहते हैं—

सत्-रूप कारक सत्-रूप कर्म को नहीं करता, क्योंकि सत्-रूप से क्रिया नहीं होती, अतः कर्म को कर्ता की जरूरत नहीं।

सत्-रूप के लिए क्रिया नहीं, अतः कर्ता को कर्म की जरूरत नहीं।

इस प्रकार परस्पराश्रित सत्ता वाली वस्तुओं में कर्त्ता, कर्म, कारण क्रिया को सिद्ध नहीं किया जा सकता।

कहीं भी कोई सत्ता न स्वतः है, न परतः, स्वतः परतः दोनों, और न बिना हेतु के ही है।

कार्य-कारण सम्बन्ध का खण्डन करते हुए नागार्जुन ने लिखा है—

यदि पदार्थ सत् है, तो उसके लिए प्रत्यय (कारण) की जरूरत नहीं। यदि अ-सत् है तो भी उसके लिए प्रत्यय की जरूरत नहीं।

(गदहे की सींग की भांति) अ-सत् पदार्थ के लिए प्रत्यय की क्या जरूरत ?

सत् पदार्थ को (अपनी सत्ता के लिए) प्रत्यय की क्या जरूरत ?

उत्पत्ति—स्थिति—विनाश को सिद्ध करने के लिए कार्य-कारण, सत्ता-असत्ता आदि के विवेचन में पड़ कर आखिर हमें यही मालूम होता

है कि वह परस्पराश्रित है, ऐसी अवस्था में उन्हें सिद्ध नहीं किया जा सकता। बौद्ध दर्शन में पदार्थों का संस्कृत (कृत) और अ-संस्कृत (अकृत) दो भागों में बांट कर सारी सत्ताओं को संस्कृत और निर्वाण को अ-संस्कृत कहा गया है। नागार्जुन ने इस संस्कृत-असंस्कृत विभाग पर प्रहार करते हुए कहा है—

उत्पत्ति—स्थिति—विनाशके सिद्ध होने पर संस्कृत नहीं (सिद्ध) होगा। संस्कृत के सिद्ध हुए बिना अ-संस्कृत कैसे सिद्ध होगा ?

जगत् और उसके पदार्थों को मरुमरीचिका बतलाते हुए नागार्जुन ने लिखा है—

(रेगिस्तान की) लहर को पानी समझ कर ही यदि वहां जाकर पुरुष यह जल नहीं है समझे तो वह मूढ़ है। उसी तरह मरीचि समान (इस) लोक को है "समझने वाले का" "नहीं है" यह मोह भी मोह होने से युक्त नहीं है।

जिस तरह पराश्रित उत्पाद (प्रतीत्य-समुत्पाद) होने से किसी वस्तु को सिद्ध, असिद्ध, सिद्ध-असिद्ध, न-सिद्ध, न-असिद्ध नहीं किया जा सकता, उसी तरह प्रतीत्यसमुत्पाद का अर्थ विच्छिन्न प्रवाह रूप से उत्पाद लेने पर वहां भी कार्य, कारण, कर्म, कर्त्ता आदि व्यवस्था नहीं हो सकती, क्योंकि उनमें से एक वस्तु दूसरे के बिल्कुल उच्छिन्न हो जाने पर अस्तित्व में आती है।

मूल संस्कृत में नागार्जुन की दो-तीन ही पुस्तकें उपलब्ध हैं—नागार्जुन के "मायायानविंशक" की बीस कारिकाओं को महामहोपाध्याय विधुशेखर भट्टाचार्य ने संस्कृत में फिर से अनुवादित किया है। पर, उनके नाम की १३५ पुस्तकें तिब्बती और चीनी भाषा में अनुवादित हैं, जिनमें सामान्य बौद्ध दर्शन से सम्बन्ध रखने वाली ६, महायान-दर्शन सम्बन्धी ५८, नीति और चिकित्सा पर १० एवं वज्रयान पर ५८ पुस्तकें हैं। वज्रयान सम्बन्धी पुस्तकें तो दार्शनिक नागार्जुन की नहीं हो सकतीं, पर दूसरी पुस्तकों में से भी बहुत-सी तो नागार्जुन की कृति होने में सन्देह है। यहां नीचे दी

गयी सूची में नागार्जुन के तिब्बती में अनुवादित ग्रंथों के लिए तोहोकु (जापान) विश्वविद्यालय द्वारा मुद्रित हिस्ट्री ऑफ द टिबेटन बुद्धिस्ट केनन्स* और चीनी के किए नन्जिओ के केटलोग से दिया गया है।

संकेत		सूचीपत्र क्रमांक
अभिधर्म-मृङोनूंप	बसतन्० ग्युर	११८०-३७८५
कथा-स्प्रिंङ्.यिग्	"	४१५८-४२०२
चिकित्सा-ग्सो, रिग् प	"	४३०६-१२
जातक-स्वयेस् रब्	"	४१५०-४१५७
तंत्र-र्ग्युद्	"	११८०-३७८५
नाना-स्न छोग्स्	"	४३४६-४४६४
प्रज्ञा-शेस् फ्यिन्	"	३७८६-३८२३
प्रभा-छद् म	"	४२०२-४२६८
ना, माध्यमिक-ददूबु म	"	३८२४-३९८०
विज्ञा, विज्ञान-सेम्स चम्	"	४०२०-४०८५
विनय-दुल् ब	"	४१०४-४१४९
साधारण-थुन् मोङ्ब लुगूस	"	४३२८-४३४५
सूत्र-म्दो ग्रेल्	"	३९८१-४०१९
स्तोत्र-ब्स्तोद् "प	"	११०९-११०९
स्वामी- जो वो छोस् छुङ्	"	४४६५-४५६७

*The Catalogue of Tibetan Buddhist Canons.

१. नागार्जुन

१. बौद्ध सामान्य १-६१

१. अभिधर्म	१-२	६
२. प्रमाण	३-६	८
३. विनय	७-६	३
२. महायान	१०-६८	५८
१. माध्यमिक	१०-४५	३५
२. टीका	४६-५०	५
३. कथा	५०-५५	
४. स्तोत्र	५६-६७	
३. सामान्य	६८-७७	१०
१. नीति	६८ ...	
२. चिकित्सा	७१-७७	७
४. वज्रयान	७८-१३५	५८
१. सिद्धांत		११
(क) मूल	७८-८६	७
(ख). टीका	८७-८६	५
२. कर्मकाण्ड	६२-१३४	४४
(क) क्रम	६२-६४	३
(ख) प्रणिधान	६५-६६	५
(ग) विधि	१००-१०६	७
(घ) साधन	१०७-१२६	१४
(ङ) स्तोत्र	१२७-१३५	६
		१३५

	ग्रंथ	संच्यक	विषय	परिमाण	श्लोक	अनुवादक	समय
	१. बौद्ध सामान्य						
	१. अभिधर्म (दर्शन)						
१.	धर्मधातु (स्तोत्र)	ची १०७०		४ पत्र	४८	दानपाल ?	६८०-१००० ई०
२.	" गर्भविवरण	ति० ४१०१	अभि०१थु	२२२ख१-२३क४	२०	ज्ञानगर्भद पल् ब्र्वेंग्स्	८२० ई०
	२. प्रमाणशास्त्र						
३.	ईश्वरकर्तृत्व निराकृति	ति० ४४६१	नाना पो०	३१२ख१-१४क४	५०	श लु लो च व (धर्मपाल)	१५५० ई०
४.	न्यायद्वार (० प्रवेश)	ची १२२३		१ युज	३००	ई० चिङ्	७११ ई०
	"	" १२२४		"	"	"	"
५.	विग्रहव्यावर्तनी (विवादशमन)	ची० १२५१		१ "	३००	विमोक्षप्रज्ञ	५४१ ई०
	"	ति० ३८२८	माध्य० च	२७क१-२९क७	६२	ज्ञानगर्भ (स्क ब) दपल् ब्र्वेंग्स्	८२० ई०
६.	" वृत्ति	" ३८३२	" च	१२१क४-३७क७	४००	" "	"

	ग्रंथ	संच्यक	विषय	परिमाण	श्लोक	अनुवादक	समय
	३. विनय						
७.	दशशिक्षापद	ति ति० ४१४८	विनय सु सु०	२५२ख६-५३क७	१६	चे थङ् ग्शोन् नु	१४५० ई०
८.	द्वादशनिकायशास्त्र	ची ११८३	"	१ युज	३००	कुमारजीव	४०८ ई०
९.	मूलसर्वास्तिवादश्रामणेरकारिका	ति ४१२७	विनय सु	१ख१-४ख१	७५	मुनिवर्मा + ये शेस् स्दे	८०६ ई०
	२. महायान						
	१. माध्यमिक दर्शन						
	(क) मूल						
०.	अक्षरशतक	ति ३८३४	माध्य च	१३८ख१-ख४	८	ग्शोन् नु शेस्	—
११.	" वृत्ति	" ३८३५	" "	१३८ख४-४६ख१	२०	आनंद+ग्रग्स् शेस्	१०५० ई०
१२.	अष्टादशाकाश (शून्यता)	ची१८७		१ युज	३००	परमार्थ	५५७-६९ ई०
१३.	अबोधबोधकप्रकरण	ति ३८३८	माध्य च	१४६क२-५०क४	२५	आनंद+ग्रग्स् शेस्	१०४० ई०
१४.	उपायको शल्यहृदय	ची १२५७		१ युज	३००	चि० चिया० ए	४७२ ई०
१५.	एकश्लोक	" १२१२		४ पत्र	४८	प्रज्ञारुचि	५३८-४३ ई०
६.	परमार्शषष्ठिका	" १३०७		५ "	६०	०	०
७.	प्रज्ञापारमिताशा	" ११६९		१०० युज	३००००	कुमारजीव	४०२-५ ई०
८.	प्रज्ञापारमिता, महासंगीति	" १३०६		४ पत्र	४८	०	०

	ग्रंथ	संच्यक	विषय	परिमाण	श्लोक	अनुवादक	समय
१९.	प्रज्ञाप्रदीपकारिका	" ११८५		१५ युज	४५००	प्रभाकरमित्र	६३०-३२ ई०
२०.	प्रतीत्यसमुत्पादहृदय	ति ३८३६	माध्य च	१३६खर-ख७	१०	०	
२१.	"	ति ५५३३	स्वामी	१८२क३-क७	"	०	
२२.	" व्याख्यान	" ४५५४	"	१८२ख-१८४क५	२४	०	
२३.	प्राव्ययमूल शास्त्र	ची ११७९		४ युज	१२००	कुमारजीव	४०२-५ ई०
२४.	बोधिचर्यासूत्र	" १३५४		" "	"	थियेन् सि चे	९८०-१००१ ई०
२५.	बोधिचित्तोत्पादविधि	ति ३९३६	सूत्र गि	२३७क४-३९क४	५०	सुरेन्द्रबोधि+ये शेस् स्दे	८०६ ई०
	"	" ४४९२		४६क७-४८ख	५०	" "	"
२६.	बोधिलामोपायशा	ची ११८१		६ युज	१८००	धर्मगुप्त	५९०-६१६ ई०
२७.	भवसंक्रांति	ति ३८४०	माध्य च	१५१क१-ख६	१८	श्रीरथ+ग्रग्स् शेस्	१०४० ई०
	"	" ४५५८	स्वामी	१९०क५-ख७	"	"	"
२७.	भावनाक्रम	" ३९०८	माध्य कि	१ख१-४क३	८०	ला ता शाक्य भेद्	१०४० ई०
२८.	मंगलगाथा	" ४४१०	नाना जो	३४६क५-४७क८	१४	जिनमित्र+य शेस् स्दे	८०६ ई०
२९.	"	" ४४११	" "	३४७क७-४९क३	२०	" "	"
३०.	मध्यमककारिका	ति ३८२४	माध्य च	१ख१-१९क६	४५०	ज्ञानगर्भ+चोग् रो ब्लु ग्य्रल्	८३० ई०
३१.	" वृत्ति	" ३८२९	" "	२९ख१-९९ख७	१७०	" "	"

	ग्रंथ	संच्यक	विषय	परिमाण	श्लोक	अनुवादक	समय
३२.	मध्यांतानुगमशास्त्र	ची १२४६		२ युज	६००	गौतम प्रज्ञारुचि	५४३ ई०
३३.	महायानमवभेदशा	" १३०५		२ पत्र	२४	दानपाल ?	६८०-१००० ई०
३४.	महायानविंशिका	" १३०८		२ "	२४	"	"
	"	ति ३८३३	माध्य च	१३७ख१-३८क७	२०	चंद्रकुमार+शाक्य भेद्	१०४०
	"	" ४५५१	स्वामी	१७८ख६-७६ख२	"	आनंद+ग्रग्स् शेस्	"
३५.	युक्तिषष्ठिका	" ३८२५	माध्य च	२०ख१-२२ख६	६०	मुदितश्री+प छब् (ज १०८०)	१०८० ई०
३६.	रत्नकोश	ति ३८२६	माध्य "	१५०क४-५१क१	८	कनकवर्मा+सूर्य कीर्ति ? प छ्य ?	१०८० ई०
३७.	लक्षणविमुक्त-बोधिहृदय	ची १३०४		२ पत्र	२४	दानपाल ?	६८०-१०००
३८.	वैदल्यसूत्र	ति ३८२६	माध्य च	२४क६-२७क१	६५	आनंद+ग्रग्स् शेस्	१०४० ई०
३६.	"	" ३८३०	"	६६ख१-११०क४	२५०	जयानंद+खु म्दो स्दे ऽर	१०७०
४०.	शमथावपश्यना-द्वारकारिका	ची १२२५		६ पत्र	७२	ई चिङ्	७११ ई०
४१.	शालिस्तंवकारिका	ति ३६८५	तंत्र ड्रि	१८क३-२०ख४	६०	०	
	"	ति ४५५२	स्वामी	१७६ख३-८२क३	६०	धर्मश्रीभद्र+लगस् ब्लो ज्ञानकुमार	०
	" टीका	" ३६८६	तंत्र ड्रि	२०ख४-५५ख३	८७०	" ,, ,,	०

	ग्रंथ	संच्यक	विषय	परिमाण	श्लोक	अनुवादक	समय
४२.	शून्यतासप्तति टीका	" ३८२७	माध्य च	२४क६-२७क१	७०	ग्शोन् छोग् ग्मन् दर् ग्रग्स्	१०५० ई०
४३.	" वृत्ति टीका	" ३८३१	"	११०क४-२१क४	२७५	जिनमित्र+ये शेसुस्दे	८०६ ई०
४४.	सूत्रसमुच्चय	" ३१३४	" कि	१४८ख१-२१५क५	१६८०	"	"
४५.	स्वभावत्रयप्रवेश-सिद्धि	" ३८४३	" च	२८१क४-८२ख३	४०	चंद्रकीर्ति ?	
	२. टीका						
४६.	दशभूमिविभावा	ची ११८०		१५ युज	४५००	कुमारजीव	४०५ ई०
४७.	प्रतीत्यसमुत्पादहृदयव्याख्या	ति ३८३७	माध्य च	१४६ख२-४६क७	७५	आनंद ग्रग्स शेस्	१०४० ई०
४८.	बोधिचित्तविवरण	" ४५५६	स्वामी	१८५ख४-८६ख६	१००	रब् शि शेस्	०
४९.	बोध्यापत्तिदेशनावृत्ति	" ४००५	सूत्र जि	१७८क४-८७ख३	२४०	शांतरक्षित+देवघोष	७७० ई०
५०.	मद्रचर्याप्रणिधाननिबंधन	" ४०११	" जि	१६३ख४-८२क१	४८०	तिलकल्थ+ब्लो शेस्	१०५६-११०८ ई०
	३. कथा						
५१.	दानपरिकथा	ति ४१६१	कथा गे	१६६ख५-६७ख१	१६	०	०
५२.	भवसंक्रातिपरिकथा	" ४१६२	"	ख१-६८क४	२०	श्रीरथग्रग्स् ब्योर शेस्	१०४०
५३.	राजपरिकथागाथा	ति ४३८८	नाना जो	३१८क४-१६क४	२५	०	०
५४.	" रत्नमाला	" ४१५८	कथा गे	१६७क१-७६क४	२३०	ज्ञानगर्भ+क्लुग्र्यिल् शोधक + कनकवर्मा प छब्	१०८० ई०

	ग्रंथ	संच्यक	विषय	परिमाण	श्लोक	अनुवादक	समय
५५.	स्वप्नचिंतामणि-परिकथा	" ४१६०	"	१६५क५-६६ख६	४०	श्रीरथ+ग्रग्स् ब्गोर्	१०४०
	"	" ४५५५	स्वामी	१८४क५-८५ख३	२०	"	"
	४. स्तोत्र						
५६.	अचिंत्यस्तव	ति ११२८	स्तोत्र क	७६ख७-७६कर	५४	तिलकलश+प छुल् ग्र्यल्	१०८० ई०
५७.	कायत्रयस्तोत्र	" ११२३	"	७०ख३-७१कर	१२	कुष्णपंडित-प छब्	"
५८.	" विवरण	" ११२४	"	७१कर-७४ख३	६०	श्रद्धाकरवर्मा+रिन् छेन ब्सङ्	६५८-१०५५ ई०
५६.	द्वादशाकारनयस्तोत्र	" ११३५	"	८२ख३-८३क६	२०	तिलकलश+प छब्	१०८० ई०
६०.	नरकोद्धारस्तोत्र	" ११३७	"	८३ख५-८४क७	१८	"	"
६१.	निरुपमस्तव	" ११३०	"	७६ख७-८०क४	१०	"	"
	"	" ४५५	स्वामी	१८६ख६-६क४	१०	लो ता शाक्यऽ भेद	१०४० ई०
६२.	निरुपमस्तव	"१११६	स्तोत्र क	६७ख४-६८ख४	३०	कृष्णपंडित-छुल्ग्र्यल्	"
६३.	परमार्थस्तव	" ११२२	"	७०कर-७०ख३	१६	"	"
६४.	लोकातीतस्तव	" ११२०	"	६८ख४-६६ख४	२८	"	"
६५.	वंदनास्तोत्र	" ११३६	"	८३क६-ख५	१२	तिलकलश प छब्	१०८० ई०
६६.	सत्काराधन (स्तव)	" ४५१६	स्वामी	१२४ख६-२५ख४	२०	बुद्धाकरवर्मा+छोस् शेस्	११०० ई०

	ग्रंथ	संच्यक	विषय	परिमाण	श्लोक	अनुवादक	समय
	"	" ११२५	स्तोत्र क	७४ख३-७५ख१	२०	दीपंकरश्रीज्ञान+छुलूर्ग्यल	१०५०
६७.	स्तुत्यतीस्तव	" ११२६	"	७६क२-ख६	२०	तिलकलश+प छब्	१०८० ई०

३. सामान्य

१. नीति

	ग्रंथ	संच्यक	विषय	परिमाण	श्लोक	अनुवादक	समय
६८.	प्रज्ञा दंडनीतिशतक	ति ४३२६	साधारण	१०३क७-१३क४	२४०	शीलेंद्रबोधि+ये शेस् स्दे	८०६ ई०
६९.	प्रज्ञाशतक	" ४३२८	" डो	९९ख४-१०३क७	१००	सव्रज्ञदेव+द्वपल् ब्र्वेग्स्	८२० ई०
	"	" ४५०१	स्वामी	७८क४-८२क३	१००	"	"
७०.	सुहल्लेख	ची १४४०		१० पत्र	१२०	संघवर्मा	५४३ ई०
	"	ति ४१८२	कथ डे	४०ख४-४६ख३	१५०	सर्वज्ञदेव+द्वपल् ब्र्वेग्स्	८२० ई८
		" ४४९६	स्वामी	६०क३-६५ख६	१५०	"	"

२. चिकित्सा

	ग्रंथ	संच्यक	विषय	परिमाण	श्लोक	अनुवादक	समय
७१.	अवभेषजकल्प	ति ४३०८	चिकित्सा है	१२क४-१३क७	३०	०	०
७२.	जयावटी (आर्य)	" ४४३५	नाना जो	२८६ख५-९०ख६	६	०	०
७३.	जंतुपोषणबिंदु	" ४३३०	साधारण डो	११३क४-१६ख४	८०	शीलेन्द्रबोधि+ये शेसुदे	८०६ ई०
७४.	जीवसूत्र	" ४३०७	चिकित्सा डो	४ख४-१२क४	३८०	०	०
७५.	महौषधावलि (मलकोष)	" ४४३६	नाना नो	२९०क६-९४क७	१००	छूकेस् स्कयोङ्	१५५०

	ग्रंथ	संच्यक	विषय	परिमाण	श्लोक	अनुवादक	समय
७६.	धातुपयोग (अमृतादि)	" ४३१९	चिकित्सा ङों	१८कर-१८खर	१४	स्नर् थङ् पुण्यरश्मि	०
७७.	योगशतक	" ४३०६	" डे	१ख१-८ख४	१७५	जेतकर्ण, बुद्धश्रीज्ञान+जि ग्र्यल्	१२०० ई०
				५. वज्रयान			
	१. सिद्धान्त						
	(क) मूल						
७८.	कक्षपुट	ति १६०६	तंत्र य	७२ख१-७३ख५	३०	०	०
७९.	कल्याणकामधेनु	" ३०६७	" पु	१३१ख४-४०क३	२००	कृष्णपंडित+गोस् ल्ह ब्र्वस्	१०५० ई०
८०.	च तुः प्रकरण	" १७९९	" डि	३५क७-३८क५	७०	शांतिगर्म+	"
८१.	भावसंचार	" २२७७	" शि	१२७ख१-१२८क६	२५	वज्रपाणि+र्म-वन् छोस् वर	
८२.	महापणिधानोत्पादकथा	" १३७६		३ युज	३६	दानपाल	९८०-१००० ई०
८३.	मिथ्यासूक्तिप्रदीप	" ३७२९	तंत्र छु	५८खर-६३ख७	१३०	०	०
८४.	वज्रयानस्थलापत्ति	" २४८२	" सि	१८०कर-ख५	२०	पद्माकरवर्मा+रिन् छेन्	९५८-१०५५ ई०
८५.	विघ्नविनाशामामृतः	" २८६७	" नु	२०७ख४-८कर	१०	०	
८६.	स्वभावसिद्धयुपदेश	" २३८२	" सि	१४कर-ख१	१२	०	
	(ख) टीका						
८७.	गुह्यसमाजतंत्रटीका	ति १७८४	तंत्र स	१ख१-३२४क७	७०००	मंत्रकलश+ग्शोन् नु बुम्	१२००

	ग्रंथ	संच्यक	विषय	परिमाण	श्लोक	अनुवादक	समय
८८.	बोधिचित्तविवरण	" १८००	" डि	३८क५-४२ख५	६०	गुणाकर+रब् शि ब्शेस् ग्येन	
	"	" १८०१	" डि	४२ख५-४५क५	६०	जयानंत+गो, बु म्दो बर	
८६.	महाप्रतिसराविद्याचक्र निबंध	" ३११७	" पु	२१६क२-१७ख५	४०	छोम्सक्यि स्दे नमूम्ख दोर्जे	
६०.	नीलांबरवज्रपाणिधारणी टीका	" २६७५	" थु	१३१ख७-३७ख७	१५०	दीपंकरश्री+ग्यं ब्चोन् सेङ	६७१-१०५४ ई०
६१.	संधिभाषाटीका	ति १२०६	तंत्र ज	२६७क५-३०१ख४	६८०	मंजुघोष शेस्ग्रग्स्	११५०
	२. कर्मकाण्ड						
	(क) क्रम						
६२.	निदेशना भिवषेकक्रम	ति २४६३	तंत्र खि	१५३क५-५५क४	५०	गयाधर+शे स् ब्सङ्	मु० १०७३
६३.	पंचक्रम	" १८०२	" डि	४५क५-५८क१	४०	श्रद्धाकर+रिन् छेन ब्सङ्	
६४.	वज्राचार्यक्रम	" ३८६८	" नु	२०८क२-क६	१०	०	
	(ख) प्रणिधान						
६५.	नागार्जुनप्रणिधान	" ४३८७	नाना जो	३१८क४-१६क४	२५	०	
६६.	प्रणिधानरत्नराज	" ४३६५	" षष	३२५ख६-२६ख७	२५	वनरत्न ब्सोद्ग्र्य स्दे	(१३८४-१४६८) १४५८
६७.	बोधिसत्वचर्यावतार-प्रणिधान	" ४३८३	नाना जो	३१२क५-१५क५	७५	०	
६८.	बोध्याकरप्रणिधान	" ४३८५	"	३१६क३-१७क३	२५	०	
६६.	वज्रप्रणिधान	" ४३८४	"	३१५क५-१६क३	२०	वनरत्न+ब्सोद् ग्यं म्दो	१४५८

	ग्रंथ	संच्यक	विषय	परिमाण	श्लोक	अनुवादक	समय
	(ग) विधि						
१००.	गुह्यसमाजमंडलविधि	ति १७९८	तंत्र डि	१५ख१-३५क२	४९०	सुभाषित+रिन छेन् बसङ्	१०५०
१०१.	चंडवज्रकोध०"	" २१९०	" जि	६४क१-७०क३	१५०	०	
१०२.	नीलांवर वज्रपाणिमंडलविधि	"२२०५	"	१९८ख१-७७क१	२९०	०	
१०३.	प्रतिष्ठालंकार	" २२०७	"	१७८ख७-७९ख५	२०	०	
१०४.	मंजु श्रीवज्रप्रजावर्धन	" २७०१	" नु	६९क४-७०क३	२०	०	
१०५.	सप्तांगविधि	" ४५१५	स्वामी	१२३ख६-२४ख६	२०	०	
१०६.	वज्रपाणिमंडलविधि	" २८८८	तंत्र नु	२३५ख२-२४०क३	११०	०	
	(घ) साधन						
१०७.	कुरुकुल्लासाधन (तारोद्भव)	" ३५६२	तंत्र मु	१९४क४-९ख४	३५	ग्रग्स्-प ग्र्यल् म्छन्	१२०० ई०
१०८.	गुह्यसमाजोत्पादक्रमसाधन	" १७९७	तंत्र डि	११क२-१५ख१	१०७	धर्मश्री+रिन् छेन्	१०५० ई०
१०९.	तारासाधन	" १९८३	" श	१ख१-५ख७	११०	धर्मवज्र+दर म रिन् छेन	१४०० ?
११०.	" (आर्य)	" १९८४	" श	६क१-ख५	२४	०	
१११.	तारासाधन (खदिवतीय)	ति ३६६४	तंत्र मु	२६७ख३-६८ख३	२०	वैरोचनवज्र	
११२.	" (वर्ज)	" ३४८८	" मु	१३६ख३-३७क७	२०	ग्रग्स् ग्र्यल्	१२०० ई०
	वागेशवज्रसाधन	" ३६४५	" मु	२५७ख-२५९क६	३०	दीपंकरश्री+दिन् छेन् ब्ग्रङ्	०

	ग्रंथ	संच्यक	विषय	परिमाण	श्लोक	अनुवादक	समय
	नीलांबरधरोपसिद्धि	" २८६६	" नु	२०७क१-ख४	३०	दीपंकर ग्यं ब्चोन्	१०५०
११३.	पिंडीकृतसाधन	" १७६३	" डि	१ख१-११क२	२६०	धर्मश्री रिन् छेन ब्सड्	"
११४.	बलिविधि (नानातत्रोद्धृत)	" ३७६९	" छु	१३०ख३-६०ख२	७५०	कर्मवज्र+ग्शोन्-नु-छुल् खिम्स	०
११५.	मांत्रालंकार साधन	" २२०६	" जि	१७७क५-७८ख२	३०	०	
११६.	महाकालसाधन	" १७५८	" श	२४७ख७-५०ख४	७०	वनरत्न+(जम् ये शेस्)	१४५० ई०
११७.	"	" १७५९	" श	२५०ख४-५१क७	२०	अभयाकर-र्च मि छेन्	१०५० ई०
११८.	"	" १७७१	" श	२६७ख२-२६८क३	१६	०	
११९.	"	??१७७२	" श	२६८क३-ख१	१०	०	
१२०.	" क्रम	" १७५२	" श	१५६क५-५८क५	५०	दर् म ग्रग्स	११००
१२१.	लोकेश्वरसाधन	" २८५०	" नु	१९१ख१-९२क१	१६	छोस् जे दपल्	१२८७
१२२.	वज्रपाणि मार्गाष्टांग	'' २१९१	" जि	७०क३-७४क१	१००	०	
१२३.	वज्रपाणिसर्वसाधन	" २२०४	" जि	१४८ख४-६८ख	५००	पद्मसंभव+ग्लड् द्पल् सेङ्	७७० ई०
१२४.	सप्तांगसाधन	" २८६९	" नु	२०८क६-ख४	२०	०	
१२५.	सहस्रभुजावलोकितेश्वरसा	" २७३६	"नु	११४ख२-२३ख७	२१५	पद्म+ग्यंल् म्छोग् दवंड् स	"
१२६.	ह्यग्रीवसाधन	" ३०५३	" पु	१०५ख६-७ख२	४०	ब रि	११०० ई०
	ड. स्तोत्र						
१२७.	अष्टमहास्थानचैत्यस्तो	ति ११३३	स्तोत्र क	८१ख२-८२क२	१४	तिलकलश+प छल्	१०८० ई०

	ग्रंथ	संच्यक	विषय	परिमाण	श्लोक	अनुवादक	समय
१२८.	चित्तवज्रस्तव	" ११२१	"	६६ख४-७क२	१०	कृष्णपंडित+छुलू ग्र्यल्	१०४०
१२९.	धर्मधातुस्तव	" १११८	"	६३ख५-६०७ख३	१००	"	"
१३०.	मंजुश्रीकरुणस्तोत्र	" ११३२	"	८०ख५-८१ख२	२०	तिलकलश+प छब्	१०८० ई०
१३१.	मंजुश्रीपरमार्थस्तुति	"११३१	"	८०क५-ख५	२०	"	जं १०५५
१३२.	महाकालाष्टक (वज्र)	" १७८०	तंत्र श	२७४क६-७५क५	२५	०	
१३३.	महाकालाष्टपदस्तो	" १७७३	" श	२६८ख१-६९क७	२८	०	
१३४.	महाकालाष्टमंत्रस्तो	" १७७८	" श	२७२क४-७३क६	२५	वैरोचन+तिङ् रि छोसू ग्रग्स	११६ ई०
	,,	,, १७७१	,, श	२७२ क६-७४क६			
१३५.	महावज्रधरस्तो	" ११२७	" क	७६क१-ख७	२८	तिलकलश+ब्लो शेसू	१०८० ई०

ཐོག་མེད།

२

असंग (३५० ई०)

नागार्जुन के बाद दूसरे महान बौद्ध दार्शनिक असंग हुए हैं। बल्कि इनका महत्त्व उनसे भी बढ़कर है, क्योंकि इनके अद्वैत विज्ञानवाद को पीछे छठी शताब्दी में कश्मीर के शैवदर्शन ने और आठवीं शताब्दी में शंकराचार्य ने लिया है। कश्मीर के शैवदर्शन ने विज्ञानवाद को क्षणिक रूप में स्वीकार किया जबकि शंकर ने क्षणिक को हटाकर नित्य विज्ञानवाद को अपने अद्वैतवाद के मूल के रूप में स्वीकार किया। लेकिन, इस परिवर्तन के कारण शंकर का अद्वैतवाद बौद्ध विज्ञानवाद के ऋण से मुक्त नहीं हो सकता। शंकराचार्य के तथाकथित परमगुरु गौड़पाद (५०० ई०) ने अपनी माण्डूक्यकारिका (आगमशास्त्र) के चौथे अध्याय (अलात-शांति प्रकरण)—जो कि वस्तुतः बौद्ध विज्ञान का एक स्वतंत्र प्रकरण ग्रंथ है—की प्रारंभिक कारिका में कहा है—"मैं द्विपर-वर (मनुष्य श्रेष्ठ) को प्रणाम करता हूं, जिसने अपने आकाश जैसे विस्तृत ज्ञान से जाना (सम्बुद्ध किया) कि सभी धर्म (भाव, वस्तुएं) आकाश समान (गगनोपम) शून्य हैं।" इसी प्रकरण की १९वीं कारिका में उन्होंने फिर बुद्ध का नाम लिया है। इसके अतिरिक्त भी बुद्ध के उपदेश करने की बात दूसरी कारिका (४/२) में की है। ४२वीं (४/४२) कारिका में वह फिर बुद्ध और ९०वीं में अग्रयान (महायान) का नाम लेते हैं। ९८वीं और ९९वीं में बुद्ध का नाम ले (नागार्जुन की भांति) गौड़पाद कहते हैं कि सभी वस्तुएं स्वभावतः शुद्ध अनावृत्त हैं, इसे बुद्ध और मुक्त जानते हैं। अंतिम कारिका (४/१००) में वह फिर पर्याय से बुद्ध की वंदना करके अपने ग्रंथ को समाप्त करते हैं।

शंकर ने माण्डूक्य उपनिषद् पर भाष्य करते हुए गौड़पाद के बौद्धों

से स्वीकृत ऋण को हटाने की निष्फल चेष्टा की है।

गौड़पाद का माण्डूक्य उपनिषद् को ही कारिका लिखने के लिए चुनना कुछ विशेष कारण से मालूम होता है। १. माण्डूक्य एक बहुत छोटी सिर्फ २५ पंक्ति की उपनिषद् है, जिससे वहां उन्हें अपने विचारों को ज्यादा स्वतंत्रतापूर्वक प्रकट करना आसान था, २. माण्डूक्य में सिर्फ ओम् और उसके चारों अक्षरों से आत्मा (जीव) की जागृत आदि चार अवस्थाओं का वर्णन किया गया है, यह ऐसा विषय था, जिसमें उनके माध्यमिक योगाचारी विचारों के विकृत होने की सम्भावना न थी, ३. इसमें आत्मा के लिए अ-दृष्ट, अव्यवहार्य, अ-ग्राह्य, अ-लक्षण, अ-चिन्त्य आदि जो विशेषण आये हैं, वह नागार्जुन के माध्यमिक तत्त्व पर भी लागू होते हैं। गौड़पाद की चेष्टा थी, बौद्ध दर्शन का पलड़ा भारी रखते हुए उपनिषद् से उसका सम्बन्ध जोड़ना। शून्यवाद के अपनाने में उन्हें क्षणिक, अ-क्षणिक के झगड़े में पड़ने की जरूरत न थी। शंकर ने भी बौद्ध दार्शनिक विचारों से पूरा फायदा उठाया, किन्तु वह उसे बुद्धिवाद के पास रखना चाहते थे, इसलिए उन्हें योगाचार के विज्ञानवाद को अपनाना पड़ा। किन्तु, विज्ञान (चित्त) तत्त्व की घोषणा करते हुए उन्हें क्षणिक, अ-क्षणिक में से एक को चुनना था, शंकर ने अ-क्षणिक (नित्य) चित्त-तत्त्व स्वीकार कर अपने को शुद्ध ब्राह्मण दार्शनिक साबित करने का प्रयत्न किया।

इस प्रकार असंग के महत्त्व को आसानी से समझा जा सकता है।

जीवनी

असंग गंधार देश की राजधानी पुरुषपुर (आधुनिक पेशावर) में ईसा की चौथी सदी में कौशिक गोत्रीय एक ब्राह्मण-कुल में पैदा हुए थे। असंग, वसुबन्धु और विरंचि तीनों यशस्वी भाई थे। जेठे असंग की तरह ही वसुबन्धु भी महान् दार्शनिक थे। उन्होंने जहां एक ओर "अभिधर्मकोश" और उसके भाष्य के रूप में वैभाषिक दर्शन पर गंभीर ग्रंथ लिखा, वहां बौद्ध न्यायशास्त्र की बुनियाद उन्हीं के हाथों पड़ी। इनकी "वादविधि"

अथवा "वादविधान" के उद्धरण उद्योतकर अपने न्यायवार्तिक में जगह-जगह देते हैं। मूलग्रंथ संस्कृत या उसके अनुवाद के रूप में अब शायद प्राप्त नहीं है। उन्हीं के ि   दिग्नाग 'मध्यकालीन न्यायक पिता' माने जाते हैं। सबसे छोटे विरिं अपने दोनों अग्रजों की तरह ही भिक्षु हुए, पर उनकी ख्याति अपने काल में एक महान् सन्त (अर्हत्) के रूप में ही होकर रह गयी।

सिन्धु महानदी के पूर्व और पश्चिम में प्राचीन गन्धार देश फैला हुआ था। पूर्वी गन्धार की राजधानी तक्षशिला थी जो अपने महत्त्व को असंग के पैदा होने से कई शताब्दियां पूर्व खो चुकी थी। पुरुषपुर सम्राट कनिष्क (राज्याभिषेक ७८ ई०) की मुख्य राजधानी होने के कारण एक वैभवशाली महान् नगरी के रूप में परिवर्तित हो गया था। पुरुषपुर में कनिष्क के बनवाये महाविहार की प्रशंसा चीनी पर्यटकों ने की है। कनिष्क के समय से असंग-वसुबन्धु के समय तक पुरुषपुर विद्या का बहुत बड़ा केन्द्र बन गया था। वैसे गन्धार पहले भी विद्या के लिए अपनी ख्याति रखता था। ईसा पूर्व चौथी शताब्दी में यहीं के शलातुर नगर में पाणिनी पैदा हुए थे। अपने वैभव के युग में पुरुषपुर में चारों ओर से प्रतिभाशाली तरुण विद्याध्ययन के लिए आते थे। आजकल के पठान (पख्तून) वस्तुतः पाणिनी और असंग-वसुबंधु के ही वंशज हैं, पर उन्हें इसका पता भी नहीं कि उन्हीं की जाति ने ऐसे महान् विचारकों को पैदा किया।

असंग से पहले गन्धार मूल सर्वास्तिवाद (वैभाषिक) सम्प्रदाय का गढ़ था। उनके अनुज वसुबन्धु ने "अभिधर्मकोश" की रचना करते उसी सम्प्रदाय का समर्थन किया। पर, असंग ने अब गन्धार को महायान के विज्ञानवाद दर्शन का गढ़ बना दिया। इसमें शक नहीं, ऐसे काम में उन्हें भारी विरोध का सामना करना पड़ा होगा। वसुबन्धु ने वैभाषिक मत से नाममात्र का मतभेद अपने कोश द्वारा प्रतिपादित किया था। जिसके लिए उन्हें अपने गुरु संघभद्र का विरोध सहना पड़ा। संघभद्र ने उनके कोश के जवाब में उससे भी बड़ा ग्रंथ "अभिधर्म न्यायानुसारशास्त्र" लिखा जो

चीनी अनुवाद के रूप में आज भी मौजूद है। असंग को विज्ञानवाद की प्रेरणा कहां से मिली, यह कहना मुश्किल है। गन्धार वह जनपद था जहां असंग से पांच शताब्दियों पहले ग्रीक राज्य था, जहां ग्रीक मिश्रित गन्धार कला एक ही दो शताब्दी पहले पैदा हुई थी। गन्धार में ग्रीक लोगों की पुरियां थीं, इसलिए ग्रीक विचारधारा—सुकरात, अफलातून और अरिस्तातिल के दर्शन से गन्धार के विचारक प्रभावित हुए होंगे। जो भी हो, असंग के दर्शन और अफलातून के दर्शन में अद्‌भुत साम्य है, जो आकस्मिक नहीं हो सकता। असंग ने एक मात्र विज्ञान तत्त्व को वास्तविक स्वीकार किया है जैसे कि अफलातून ने। पर, असंग ने बौद्ध क्षणिकवाद को जोड़ कर उसे वहां पहुंचा दिया, जहां कि प्लातोन का दर्शन उसके २२०० वर्ष बाद हेगेल द्वारा पहुंचा। यह दर्शन जहां भारत में शंकर के अद्वैतवाद को जन्म देने वाला हुआ, वहां इस्लामिक जगत् का सूफी अद्वैतवाद भी इसी की एक शाखा है।

असंग के वैयक्तिक जीवन के बारे में हम बहुत अन्धेरे में हैं। पर, उनके विचारों के बारे में वही बात नहीं है। असंग की ३१ पुस्तकें चीनी और तिब्बती अनुवादों के रूप में सुरक्षित हैं। उनका सब से महत्त्वपूर्ण ग्रंथ "योगचर्याभूमि" (योगाचारभूमि) है, जिसके तिब्बती और चीनी अनुवाद मौजूद हैं। यह समझा जाता था कि उसका संस्कृत मूल सदा के लिए लुप्त हो चुका है, पर हमारी सांस्कृतिक निधियों के रक्षक तिब्बत ने दसवीं शताब्दी में लिखी एक तालपत्र पोथी सुरक्षित रखी थी जिसको उतार कर मैं[1] भारत लाया। भारतीय विद्या के महातपस्वी महामहोपाध्याय विधुशेखर भट्टाचार्य ने उसको तिब्बती अनुवाद से मिलाकर सम्पादित किया। कलकत्ता युनिवर्सिटी के अधिकारियों ने एक दशाब्दी से उसे चींटी की चाल से छपवाना शुरू किया[2]। महामहोपाध्याय अब ८० वर्ष से ऊपर हो चुके हैं। उनका शरीर केवल अस्थियों का कंकाल मात्र रह गया है, तो भी वह बड़ी तत्परता से अपने काम में लगे हैं। उन्हें आशा नहीं कि

१. उक्त पुस्तक १९५७ में प्रकाशित हो गयी है।

२. महामहोपाध्याय विधुशेखर भट्टाचार्य की १९६० में मृत्यु हो गयी।

'योगचर्याभूमि' उनके जीवन में प्रकाशित हो सकेगी। 'योगचर्याभूमि' के लिए इतना ही कहना पर्याप्त है कि इसी पुस्तक के नाम पर बौद्ध विज्ञानवाद योगाचारदर्शन के नाम से प्रसिद्ध हुआ। यह ग्रंथ चीनी अनुवाद में १०० युजो (फेसिकुली) में समाप्त हुआ है, पर वह तीस हजार श्लोकों के बराबर नहीं हो सकता। यदि 'योगचर्याभूमि' से सम्बन्ध रखते सारे ग्रंथों को न जोड़ा जाये, तो भी यह चार हजार श्लोकों से कम का नहीं है। इसमें निम्न १७ भूमियां हैं—

१. पंचविज्ञान भूमि
२. मनोभूमि
३. सवितर्क-सविचाराभूमि
४. अवितर्क-अविचाराभूमि
५. अवितर्क-विचारमात्रा भूमि
६. समाहिता भूमि
७. असमाहिता भूमि
८. सचित्तका भूमि
९. अचित्तका भूमि
१०. श्रुतमयी भूमि
११. चिन्तामयी भूमि
१२. भावनामयी भूमि
१३. श्रावक भूमि
१४. प्रत्येकबुद्ध भूमि
१५. बोधिसत्व भूमि
१६. सोपधिका भूमि
१७. निरूपधिका भूमि

विचार

असंग अपने मत के समर्थन में 'लंकावतारसूत्र', 'संधिनिर्मोचनसूत्र', 'महायानोत्तरतंत्र' के वाक्य उद्धृत करते हैं, जिससे पता लगता है कि असंग से पहले भी बौद्ध दर्शन में विज्ञानवाद आरंभिक रूप में मौजूद था। पालि में 'विसुद्धिमग्ग' के रचयिता बुद्धघोष असंग के समकालीन थे। "विसुद्धिमग्ग और असंग की" "योगचर्याभूमि" की विवेचन शैली में भी कुछ समानता है। असंग ने सूत्रों की भाषा-शैली का इतना अधिक अनुकरण किया है कि कभी-कभी भ्रम होने लगता है कि हम क्लासिकल संस्कृत-काल में न हो पिटक-काल की किसी पुस्तक को संस्कृत शब्दांतर के रूप में पढ़ रहे हैं। असंग अपनी कृति को बुद्ध के नाम से प्रकट करने के इच्छुक नहीं थे, फिर उन्होंने क्यों ऐसी शैली को स्वीकार किया जिसमें किसी बात को संक्षेप में कहा ही नहीं जा सकता ? सम्भव है, सूत्रों की शैली से परिचित अपने पाठकों की सुगमता के लिए उन्होंने ऐसा किया।

ज्ञेय (प्रमेय)

ज्ञेय के सत् या भाव रूप को असंग पांच प्रकार का बतलाते हैं। १. स्वलक्षण (अपने स्वरूप में) सत्, २. सामान्यलक्षण (जादि आदि के रूप में) सत्, ३. संकेतलक्षण (संकेत किये रूप में) सत्, ४. हेतु लक्षण (इष्ट-अनिष्ट आदि के हेतु के रूप में) सत्, ५. फल लक्षण (परिणाम के रूप में) सत्। ज्ञेय के असत् (अभाव) रूप को भी वह पांच प्रकार का बतलाते हैं—१. अनुत्पन्न (जो पदार्थ उत्पन्न नहीं हुआ), अतएव असत्, २. निरुद्ध (जो उत्पन्न होकर निरुद्ध या नष्ट हो गया,) अतएव असत्, ३. अन्यान्य (गाय घोड़ा नहीं घोड़ा गाय नहीं, इस तरह एक दूसरे के रूप में) असत्, ४. परमार्थ (मूल में जाने पर) असत् और ५. बंध्या-पुत्र की भांति (अत्यन्त असत्)।

अस्तित्व

यह भी पांच प्रकार का होता है—१. परिनिष्पन्न लक्षण (जो अस्तित्व कि परमार्थत) है, जैसे कि असंग के मत में विज्ञान, भौतिकवादियों के मत में

मूल भौतिकतत्त्व, २. परतंत्रलक्षण अस्तित्व प्रतीत्यसमुत्पन्न (अमुक के होने के बाद अमुक अस्तित्व है) संकेतवश जिसको माना जाय, ३. विशेष लक्षण है काल, जन्म, मृत्यु आदि के सम्बन्ध में माना जाने वाला अस्तित्व, और ४. अव्यक्तलक्षण अस्तित्व वह है जिसे (हां) या (नहीं) में से दो टूक नहीं कहा जा सके (जैसे बौद्ध दर्शन में पुद्गलवेतना को स्कन्धों से न अलग कहा जा सकता न एक कहा जा सकता)।

नास्तित्व

यह पांच प्रकार का होता है—१. परमार्थरूपेण नास्तित्व, २. स्वतंत्ररूपेण नास्तित्व, ३. सर्वसर्वारूप नास्तित्व, ४. अविशेष रूप से नास्तित्व और ५. अव्यक्त रूप से नास्तित्व।

परमार्थतः सत्, असत् अस्तित्व या नास्तित्व को बतलाने के लिए असंग ने 'परमार्थ-गाथा' के नाम से महायान-सूत्रों की कितनी ही गाथाएं उद्धृत की हैं। इनमें १. वस्तुओं के अपने भीतर किसी प्रकार के स्थिर तत्त्व की सत्ता को इन्कार करते हुए, उन्हें शून्य 'सार-शून्य' कहा गया है, २. बाह्य और मानस तत्त्वों को सार-शून्य कहते हुए उन्हें क्षणिक (क्षण-क्षण विनाशी) बतलाया गया है, और यह भी कि ३. कोई (ईश्वर आदि) जनक और नाशक नहीं है, बल्कि जगती के सारे पदार्थ स्वर से (स्वभावतः) भंगुर हैं। वेदना, संज्ञा, संस्कार और विज्ञान इन पांच स्कन्धों में स्थिरता का भास सिर्फ भ्रममात्र है, वस्तुतः वह फेन, बुलबुले, मृगमरीचिका, कदली-गर्भ तथा माया की भांति निस्सार है।[1]

आध्यात्मिक ? (मानसजगत्) शून्य है, बाह्य भी शून्य है।

उसमें कोई आत्मा भी नहीं है, जो शून्यता का अनुभव करता।।३।।

अपना (कोई) आत्मा ही नहीं है, (यह आत्मा की कल्पना) उल्टी कल्पना है।

---

१. योगाचारभूमि, चिन्तामयी-भूमि ११

यहां कोई सत्व या आत्मा नहीं है। ये सारे धर्म (पदार्थ) अपने ही अपने कारण हैं।।४।।

सारे संसार (उत्पन्न पदार्थ) क्षणिक हैं ।।५।।

उसे कोई दूसरा नहीं जन्मता और न वह स्वयं उत्पन्न होता है। प्रत्यय के होने पर पदार्थ (भाव) पुराने नहीं बिल्कुल नये-नये जन्मते हैं।।८।।

न दूसरा कोई इसका नाश करता है और न स्वयं नष्ट होता है। प्रत्यय (पूर्वकारण) के होने पर (ये पदार्थ) उत्पन्न होते हैं। उत्पन्न हो स्वर से ही क्षणभंगुर हैं।।६।।

... रूप (भौतिकतत्त्व) फेन के पिण्ड समान है, वेदना (स्कन्ध) बुद्ध जैसी।।१०।।

संज्ञा (मृग) मरीचिका सदृशी है, संस्कार कदली जैसे, और विज्ञान को माया-समान सूर्यवंशज (बुद्ध) ने बतलाया है।।१८।।

विज्ञानतत्त्व

जिस विज्ञानतत्त्व का विश्व-परिणाम है, उसे आलय विज्ञान कहा जाता है। विज्ञान को समझाने के लिए जिस प्रक्रिया को असंग ने अपनाया है, वह निम्न प्रकार है–

(क) आलय विज्ञान–बाह्य आभ्यन्तर, जड़-चेतन–जो कुछ जगत् है, सब विज्ञान का परिणाम है। विज्ञान-समष्टि को आलय विज्ञान कहते हैं, इसी से वीचि-तरंग की भांति जगत् तथा उसकी सारी वस्तुएं उत्पन्न होती हैं। इस विश्वविज्ञान या आलय विज्ञान से जैसे जड़-जगत् उत्पन्न हुआ, उसी तरह, वैयक्तिक-विज्ञान (प्रवृत्ति विज्ञान)–पांचों इन्द्रियों के विज्ञान और छठा मन पैदा हुआ।

(ख) पाँच इन्द्रिय विज्ञान–इन्द्रियों के आश्रय से जो विज्ञान (चेतना) पैदा होती है, वह इन्द्रिय-विज्ञान है। अपने आश्रयों चक्षु आदि पांचों इन्द्रियों के अनुसार, इन्द्रिय विज्ञान पांच प्रकार के होते हैं–

१. **चक्षु-विज्ञान**[1]—स्वभाव—चक्षु (आंख) के आश्रय से जो विज्ञान प्राप्त होता है, वह चक्षु-विज्ञान है। यह है चक्षुविज्ञान का स्वभाव (स्वरूप)।

२. **आश्रय**—चक्षु-विज्ञान के आश्रय तीन हैं—१. चक्षु—जो कि साथ-साथ अस्तित्व में आता तथा विलीन होता है, अतएव समूह आश्रय है, २. मन जो इस विज्ञान (की सन्तति) का बाद में आश्रय होता है, अतएव समानान्तर-आश्रय है, ३. रूप-इन्द्रिय, मन तथा सारे जगत् का बीज जिसमें मौजूद रहता है, वह सर्वबीजक आश्रय है आलय-विज्ञान। इन तीनों आश्रयों में चक्षु रूप (भौतिक) होने से रूपी आश्रय है और बाकी अरूपी।

३. **आलंबन**—(विषय) है—वर्ण (रंग) संस्थान (आकृति) और विज्ञप्ति क्रिया— (अ) वर्ण है नील, पीत, लाल, सफेद, छाया, धूप, प्रकाश, अंधकार, मंद्र, धूम, रज, महिका और नम। (ब) संस्थान हैं—लम्बा, छोटा, वृत्त, परिमण्डल, अणु, स्थूल, साल, विसाल, उन्नत और अवनत। (स) विज्ञप्ति हैं—लेना, फेंकना, सिकोड़ना, फैलाना, ठहरना, बैठना, लेटना, दौड़ना इत्यादि।

४. **सहाय**—चक्षु-विज्ञान के साथ पैदा होने वाले एक ही आलंबन के चेतसिक धर्म है।

५. **कर्म**—छः हैं। १. स्वविषय—अवलंबी, २. स्वलक्षण, ३. वर्तमानकाल, ४. एक क्षण, ५. शुद्ध (कुशल) अशुद्ध मन के विज्ञान कर्म के उत्थान, इन दो आकारों से अनुवृत्ति, ६. इष्ट या अनिष्ट फल का ग्रहण।

६. **श्रोत्र आदि विज्ञान**—इसी तरह श्रोत्र, प्राण, जिह्वा और काया 'त्वग्' इन्द्रियों के इन्द्रिय-विज्ञान हैं।

ग. मन-विज्ञान—यह छठा विज्ञान है। इसके स्वभाव आदि हैं—

१. **स्वभाव**—चित्त, मन और विज्ञान इसके स्वरूप 'स्वभाव' हैं। सारे बीजों (मूल कारणों) वाला आश्रय स्वरूप आलय विज्ञान चित्त है। २. मन

---

१. योगाचारभूमि-१

सदा अविधा, 'मैं आत्मा हूं' इस दृष्टि, अस्मिमान और तृष्णा ('शोपनहार की तृष्णा') इन चार क्लेशों 'चित्तमलों' से युक्त रहता है। ३. विज्ञान जो आलंबन (विषय) क्रिया में उपस्थित होता है।

२. **आश्रय**—मन समनन्तर-आश्रय है, अर्थात् चक्षु आदि इन्द्रियों के विज्ञानों की उत्पत्ति हो जाने के अनन्तर वही इन विज्ञानों का आश्रय होता है, बीज आश्रय तो वही सारे बीजों का रखने वाला आलय विज्ञान है।

३. **आलम्बन**—मन का आलम्बन (विषय) पांचों इन्द्रियों के पांचों विज्ञान (जिन्हें धर्म भी कहते हैं) हैं।

४. **सहाय**—मन के सहाय (साथी) बहुत हैं, जिनमें से कुछ हैं—मनस्कार, स्पर्श, वेदना, संज्ञा, चेतना, स्मृति, प्रज्ञा, श्रद्धा, लज्जा, निर्लज्जता, अलोम, अद्वेष, अमोह, पराक्रम, उपेक्षा, अहिंसा, राग, सन्देह, क्रोध, ईर्ष्या, शठता, हिंसा, आदि चेतसिक धर्म।

५. **कर्म**—पहला है अपने पराये विषयों सम्बन्धी क्रिया जो कि क्रमशः छः आकारों में प्रकट होती है। १. मन की प्रथम क्रिया है, विषय के सामान्य स्वरूप की विज्ञप्ति, २. फिर उसके तीनों कालों की विज्ञप्ति, ३. फिर क्षणों के क्रम की विज्ञप्ति, ४. फिर प्रवृत्ति या अनुवृत्ति शुद्ध-अशुद्ध धर्म-कर्म की विज्ञप्ति ५. फिर इष्ट-अनिष्ट फल का ग्रहण, ६. दूसरे विज्ञान समुदायों का उत्थापन। दूसरी तरह पर लेने से मन के निम्न वैशेषिक कर्म होते हैं—१. विषय की विकल्पना, २. विषय का उप- निध्यान, ३. मद में होना, ४. उन्माद में होना, ५. निद्रा में जाना, ६. जागना, ७. मूर्च्छा खाना, ८. मूर्च्छा से उठना, ९. कायिक-वाचिक कर्मों को करना, १०. वैराग्य करना, ११. वैराग्य छोड़ना, १२. भलाई की जड़ों को काटना, १३. भलाई की जड़ों को जोड़ना, १४. शरीर छोड़ना (व्युति) और १५. शरीर में आना (उत्पत्ति)।

इन कर्मों में से कुछ के होने के बारे में असंग कहते हैं[१]—

---

१. योगाचारभूमि (मन-भूमि-१)

पुरविले कर्मों से अथवा शरीर धातु की विषमता, भय, मर्मस्थान में चोट और भूत-प्रेत के आवेश से उन्माद (पागलपन) होता है।

शरीर की दुर्बलता, परिश्रम की थकावट, भोजन के भारीपन आदि कारणों से निद्रा होती है।

वातपित्त के बिगाड़, अधिक पाखाना और खून के निकलने से मूर्च्छा होती है।

अनित्यवाद और प्रतीत्यसमुत्पाद

इसे कोई दूसरा नहीं जन्मता और न वह स्वयं उत्पन्न होता है। प्रत्यय के होने पर भाव (वस्तुएं) पुराने नहीं, बिल्कुल नये-नये जन्मते हैं... प्रत्यय के होने पर भाव उत्पन्न होते हैं और उत्पन्न स्वरस (स्वतः) ही क्षणभंगुर हैं।"[१]

महायान सूत्र की इन गाथाओं द्वारा असंग ने बौद्ध-दर्शन के मूल सिद्धान्त अनित्यवाद (क्षणिकवाद) को बतलाया है। 'क्षणिक के अर्थ को लेकर प्रतीत्यसमुत्पाद'[२] कहते हुए उन्होंने क्षणिकवाद शब्द से प्रतीत्य समुत्पाद को स्वीकार किया है।

प्रतीत्यसमुत्पाद—प्रतीत्यसमुत्पाद का अर्थ करते हुए असंग कहते हैं[३]—प्रतिगमन करके (एक चीज को समाप्त करके दूसरी की उत्पत्ति प्रतीत्यसमुत्पाद है)। प्रत्यय अर्थात् गतिशील प्रत्यय (विनाश) के साथ उत्पत्ति प्रतीत्यसमुत्पाद है, जो क्षणिक के अर्थ को लेकर होता है, अथवा प्रत्यय अर्थात् अतीत (समाप्त हुई चीज) से अपने प्रवाह में उत्पाद। 'इसके होने के बाद यह होता है', 'इसके उत्पाद से यह उत्पन्न होता है', दूसरी जगह नहीं, पहली की—के नष्ट-विनष्ट हो जाने पर साथ ही दूसरी का उसी प्रवाह में उत्पत्ति प्रतीत्य-समुत्पाद है।

---

१. योगाचार भूमि (मन-भूमि-१)

२. योगाचार भूमि ३,४,५ "प्रत्यय इत्वरात्ययसंगत (उत्पाद प्रतीत्यसमुत्पाद) क्षणिकार्थ-मधिकृत्य

३. वही

और भी[1]—

प्रतीत्य समुत्पाद क्या है ? निःसत्व, (अन्-आत्मा) के अर्थ में ···। निःसत्व होने से अनित्य है, इस अर्थ में। अनित्य होने पर गतिशील के अर्थ में। गतिशील होने पर परतंत्रता के अर्थ में। परतंत्र होने पर निरीह के अर्थ में। निरीह होने पर कार्य-कारण (हेतु-फल) व्यवस्था के खंडित हो जाने के अर्थ में।

कार्य-कारण—व्यवस्था के खंडित होने पर अनुकूल कार्य-कारण की प्रवृत्ति के अर्थ में। अनुरूप कार्य-कारण की प्रवृत्ति होने पर स्वभाव के अर्थ में।

अनित्य, दुःख, शून्य और नैरात्म्य—नित्य आत्मा की सत्ता को अस्वीकार करना—के अर्थ में भगवान् (बुद्ध) ने प्रतीत्य—समुत्पाद के बारे में कहा 'प्रतीत्यसमुत्पाद गम्भीर है।'

वस्तुएं प्रतिक्षण नये-नये रूप में जीवन-यात्रा (प्रवृत्ति) करती है। प्रतीत्यसमुत्पाद क्षणभंगुर है।

हेतु-विद्या

संग ने विद्या (ज्ञान) को पांच प्रकार का माना है[2]—१. अध्यात्मविद्या जिसमें बुद्धोक्त सूत्र, विनय और मातृका (अभिधर्म) अर्थात् त्रिपिटक तथा उसमें वर्णित विषय सम्मिलित हैं, २. चिकित्साविद्या या वैद्यकशास्त्र, ३. हेतुविद्या या तर्कशास्त्र, ४. शब्दविद्या जिसमें धर्म, अर्थ पुद्गल (जीव) काल, संख्या और व्याकरणशास्त्र का ज्ञान होता है और ५. शिल्प-कर्मस्थानविद्या (शिल्पशास्त्र)।

हेतुविद्या को कुछ विस्तारपूर्वक समझाते हुए असंग उसे सात भागों में बांटते हैं—१. वाद, २. वाद-अधिकरण, ३. वाद-अधिष्ठान, ४. वाद-अलंकार, ५. वाद-निग्रह ६. वाद-निःसरण, ७. वादबहुकर (वाद-उपयोगी) बातें

(क) **वाद**—वाद बहस या संलाप छः प्रकार के होते हैं—

---

१. योगाचारभूमि ३,४,५ प्रत्यय इत्वरात्ययसंगत उत्पाद (प्रतीत्व समुत्पाद) क्षणिकार्थ मधिकृत्य

२. योगाचारभूमि (श्रुतमयी भूमि १०)

१. **वाद**—जो कुछ मुंह से बोला जाय, वह वाद है।

२. **प्रवाद**—लोकश्रुति या जनश्रुति प्रवाद है।

३. **विवाद**—भोगों के रखने-छीनने के सम्बन्ध में परस्पर विरोधी वाद (वाग्युद्ध) विवाद है।[1]

४. **अपवाद**—निन्दा।

५. **अनुवाद**—धर्म के बारे में उठे सन्देहों को दूर करने के लिए जो बात की जाय।

६. **अपवाद**—तत्त्वज्ञान कराने के लिए किया गया वाद।

इनमें विवाद और अपवाद त्याज्य हैं और अनुवाद तथा अपवाद ग्राह्य।

(ख) वाद-अधिकरण—वाद के उपयुक्त अधिकरण (स्थान) दो हैं, राजा या योग्यकुल की परिषद् और धर्म-अर्थ में निपुण ब्राह्मणों या श्रमणों की सभा।

(ग) वाद-अधिष्ठान—वाद के अधिष्ठान (मुख्य विषय) हैं दो प्रकार के साध्य और असाध्य को सिद्ध करने के लिए उपयुक्त होने वाले आठ प्रकार के साधन। साध्य के सत्-असत् के स्वभाव (स्वरूप) तथा नित्य-अनित्य, भौतिक-अभौतिक आदि विशेष को लेकर साध्य के स्वभाव और विशेष ये दो भेद होते हैं।

आठ साधन—साध्य वस्तु को सिद्ध करने वाले साधन आठ प्रकार के हैं—

(अ) प्रतिज्ञा—स्वभाव या विशेष वाले दोनों प्रकार के साध्यों को लेकर (वादी प्रतिवादी का) जो अपने पक्ष का परिग्रह (ग्रहण) है, वही प्रतिज्ञा है। यह पक्ष-परिग्रह शास्त्र-मत की स्वीकृति हो सकता है या

१. कामेषु तद्यथा नट-नर्तक-लासक-हासकाद्युपसंहितोषु वा वैश्यजनोपसंहितेषु वा पुनः संवदर्शनाय वा उपभोगाय वा... विगृहितानां... नानावादः।... दृष्टेर्वा पुनः आरभ्य तद्यथा सत्कायदृष्टिं, उच्छेददृष्टिं, विषम हेतुदृष्टिं, शाश्वतदृष्टिं, वार्षगण्यदृष्टिं, मिथ्यादृष्टिमिति वा... नानावादः।

अपनी प्रतिभा से या दूसरे के तिरस्कार से या दूसरे के शास्त्रीय मत (अनुश्रव) से या तत्त्व-साक्षात्कार से या अपने पक्ष की स्थापना से या पर-पक्ष के दूषण से या दूसरे के पराजय से या दूसरे की अनुकंपा से भी हो सकता है।

(ब) हेतु—उसी प्रतिज्ञा वाली बात की सिद्धि के लिए सारूप्य (सादृश्य) या वैरूप्य उदाहरण की सहायता से अथवा प्रत्यक्ष, अनुमान या आप्त-आगम (शब्दप्रमाण; ग्रंथप्रमाण) से युक्ति को कहना हेतु है।

(स) उदाहरण—उसी प्रतिज्ञा वाली बात की सिद्धि के लिए हेतु पर-आश्रित दुनिया में उचित प्रसिद्ध वस्तु को लेकर बात करना उदाहरण है।

(त) सारूप्य—किसी चीज का किसी के साथ सादृश्य सारूप्य कहा जाता है। यह पांच प्रकार का होता है—१. वर्तमान या पूर्व में देखे हेतु से चिह्न को लेकर एक दूसरे का सादृश्य लिंग-सादृश्य है, २. परस्पर स्वरूप लक्षण सादृश्य को स्वभाव-सादृश्य कहा जाता है, ३. परस्पर क्रिया-सादृश्य को कर्म-सादृश्य कहते हैं, ४. धर्मता (गुण) सादृश्य को धर्म-सादृश्य कहा जाता है, जैसे अनित्य में दुःख-धर्मता का सादृश्य, दुःख में नैरात्म्य-धर्मता का, निरात्मतों में जन्म-धर्मता का इत्यादि, ५. हेतुफल-सादृश्य परस्पर कार्य-कारण बनने का सादृश्य है।

(थ) वैरूप्य—किसी वस्तु का किसी वस्तु के साथ अ-सदृश होना वैरूप्य है यह भी लिंग-स्वभाव, कर्म, धर्म और हेतुफल-सादृश्यों के तौर पर पांच प्रकार का होता है।

१. प्रत्यक्ष—प्रत्यक्ष उसे कहते हैं जो कि अ-परोक्ष (इन्द्रिय से परे का नहीं) अनभ्यूहित, अभ्यूह्य और अ-भ्रान्त है।[1] यहां जो कल्पना नहीं, सिर्फ (इन्द्रिय के) ग्रहण मात्र से सिद्ध है, और जो वस्तु (विषय) पर आधारित है[2], उसे अनभ्यूहित-अनभ्यूह्य कहते हैं। अभ्रान्त उसे कहते हैं जो कि छह भ्रान्तियों से मुक्त है। ये छह भ्रान्तियां हैं—

---

१. प्रत्यक्षं कल्पनापोत्मभ्रान्तं-धर्मकीर्ति, पृ० ७६५। असंगानुज वसुबन्धु के शिष्य दिग्नाग का भी यही मत।

२. यो ग्रहणमात्रप्रसिद्धोपलब्ध्याश्रयो विषयःयश्च विषयप्रतिष्ठो पलब्ध्याश्रयो योगाचारभूमि।

(क) **संज्ञा भ्रान्ति**—जैसे मृगतृष्णावाली मरू-मरीचिका में पानी की संज्ञा ज्ञान।

(ख) **संख्या-भ्रान्ति**—जैसे धुन्धवाले का एक चन्द्र में दो चन्द्र का देखना।

(ग) **संस्थान-भ्रान्ति**—जैसे बनेठी (अलात) में (प्रकाश) चक्र की संस्थान (आकार) सम्बन्धी भ्रान्ति है।

(घ) **वर्ण-भ्रान्ति**—जैसे कड़ी मुट्ठी बांधकर दौड़ने वाले पीछे जाते दीख पड़ते हैं।

(ङ) **चित्त-भ्रान्ति**—उक्त पांचों भ्रान्तियों से भ्रमपूर्ण विषय में चित्त की रति चित्त-भ्रान्ति है।

(च) **दृष्टि-भ्रान्ति**—उक्त पांचों भ्रान्तियों से भ्रमपूर्ण विषय में जो रुचि, स्थिति मंगल मानना, आसक्ति है। उसे दृष्टि-भ्रान्ति कहते हैं।

प्रत्यक्ष चार प्रकार का होता है—रूपी (भौतिक), इन्द्रिय-प्रत्यक्ष, मन-अनुभव-प्रत्यक्ष, लोक-प्रत्यक्ष और शुद्ध-प्रत्यक्ष।[१] इन्द्रिय-प्रत्यक्ष और मन-अनुभव प्रत्यक्ष का ही नाम लोक प्रत्यक्ष है, यह असंग स्वयं मानते हैं।[२] इस प्रकार प्रत्यक्ष तीन ही हैं जिन्हें धर्मकीर्ति (दिग्नाग और शायद उनके गुरु वसुबन्धु भी) इन्द्रिय-प्रत्यक्ष, मानस-प्रत्यक्ष और योगि-प्रत्यक्ष कहते हैं। हां, वे लोक-प्रत्यक्ष की जगह स्वसंवेदन-प्रत्यक्ष से चार की संख्या पूरी कर देते हैं, इस तरह प्रत्यक्ष अपरोक्ष, कल्पना-रहित (कल्पनापोढ) अभ्रान्त इस बौद्धन्याय के सबसे पीछे के ग्रंथकारों ज्ञानश्री आदि से लेकर असंग तक पाते हैं। असंग से पौने दो शताब्दी पहले नागार्जुन से और नागार्जुन से शताब्दी पहले अश्वघोष तक उसे जोड़ने का हमारे पास साधन नहीं है।

२. **अनुमान**—ऊहा (तर्क) से अभ्युहित (तर्कित) और तर्कणीय

---

१. शुद्ध-प्रत्यक्ष योगि-प्रत्यक्ष ही है—यो लोकोत्तरहस्य ज्ञानस्य विषयः।

२. तदुभयमकध्यमभिसंक्षिप्य लोक-प्रत्यक्षमित्युच्येत। योगाचारभूमि।

जिसका विषय है वह अनुमान है। इसके पांच भेद होते हैं—१. लिंग से किया गया अनुमान, जैसे ध्वज से रथ का अनुमान, धूप से अग्नि का अनुमान, राजा से राष्ट्र, पति से स्त्री, ककुद (उड्ढा) सींग से बैल का अनुमान, २. स्वभाव से अनुमान यह एक देश (अंश) से सारे का अनुमान है, जैसे एक चावल के पकने से सारी हांडी के पकने का अनुमान, ३. कर्म से अनुमान, जैसे हिलने, अंग-चालन से पर पुरुष का अनुमान, पैर की चाल से हाथी, शरीर की गति से सांप, हिनहिनाने से घोड़े, हंकड़ने से सांड का अनुमान, देखने से आंख, सुनने से कान, सूंघने से घ्राण, चलने से जिह्वा, छूने से त्वक्, जानने से मन का अनुमान, पानी में देखने की रुकावट से पृथ्वी, चिकने हरे होने से जल, दाह-भस्म देखने से आग, वनस्पति के हिलने से हवा। ४. धर्म (गुण) से अनुमान, जैसे अनित्य होने से दुःख होने का अनुमान, दुःख होने से शून्य और अनात्म के होने का अनुमान। ५. कार्य-कारण (हेतुफल) से अनुमान अर्थात् कार्य से कारण का अनुमान तथा कारण से कार्य का अनुमान, जैसे राजा की सेवा से महाऐश्वर्य (महाभिसार) के लाभ का अनुमान, महाऐश्वर्य के लाभ से राज-सेवा का अनुमान, बहुत भोजन से तृप्ति, तृप्ति से बहुत भोजन, विषम भोजन से व्याधि, व्याधि से विषम भोजन का अनुमान।

धर्मकीर्ति ने तादात्म्य और तदुत्पत्ति से अनुमानक जिन भेदों को बतलाया है, वे असंग के इन भेदों में भी मौजूद हैं।

३. **आप्तागम**—यही शब्दप्रमाण है।

(घ) **वाद-अलंकार**—वाद में भूषण कम है, वक्ता की निम्न पांच योग्यताएं—१. **स्व-पर-समयज्ञता**—अपने और पराये मतों की अभिज्ञता। २. **वाक्कर्म-संपन्नता**—बोलने में निपुणता अग्राभ्य, लघु (सुबोध), ओजस्वी, संबद्ध (परस्पर अविरोधी और अ-शिथिल) और सु-अर्थ शब्दों के प्रयोग को कहते हैं। ३. **वैज्ञारथ**—सभा में अदीनता, निर्भीकता, न-पीला मुख होने, गद्गद स्वर न होने को कहते हैं। ४. **स्थैर्य**—काल लेकर जल्दी किये बिना बोलना। ५. **दाक्षिण्य**—मित्र की भांति पर-चित्त के अनुकूल बात करने का ढंग।

(ङ) **वाद-निग्रह**—वाद में पकड़ा जाना, जिससे कि वादी पराजित हो जाता है। ये तीन हैं—कथा-त्याग, कथा-माद (इधर-उधर की बातें करने लगना) और कथा-दोष। बेटोक बोलना, अपरिमित बोलना, अनर्थ वाली बात बोलना, असमय बोलना, अ-स्थिर, अ-दीप्त और अ-संबद्ध बोलना ये कथा-दोष हैं।

(च) **वाद-निःसरण**—गुण-दोष, कौशल्य (निपुणता) और सभा की परीक्षा करके वाद को न करना वाद-निःसरण है।

(छ) **वादबहुकर बातें**—वाद की उपयोगी बातें स्व-पर-मत-अभिज्ञता वैशारद्य और प्रतिभान्विततता है।

असंग ने तर्कशास्त्र पर भी अपनी इस पुस्तक में लिखा है। उनके अनुज वसुबन्धु तो तर्क-प्रमाण शास्त्र के आद्य आचार्यों में हैं।

कृतियां

असंग की ३१ कृतियां तिब्बती और चीनी भाषा में अनुवादित हैं। उनमें से वज्रयान की चार पुस्तकों को तो उनकी नहीं मान सकते। शेष ऐसी हैं जिनके असंग की कृति होने में अधिक सन्देह नहीं है। इनके अधिकतर ग्रंथ विज्ञानवाद के मौलिक ग्रंथ हैं और तीन टीकाएं इसी दर्शन से सम्बन्ध रखने वाले ग्रंथों पर हैं।

असंग की कृतियों की सूची

१. महायान (विज्ञानवाद)	१-२७	२७
१. मूल	१-२४	२४
२. टीका	२५-२७	३
२. वज्रयान	२८-३१	४

	ग्रंथ	संच्यक	विषय	परिमाण	श्लोक	अनुवादक	समय
	१. महायान (विज्ञानवाद)						
१. मूल ग्रंथ							
१.	अभिधर्मसमुच्चय	तिब्बती ४०४९	विज्ञान रि	१ख१-७७क४	४०००	जिनमित्र, शीलेन्द्र+ये शेस् स्दे	८०६ ई०
२.	आर्यवाचाप्रकरण	चीनी ११७७		२० युज	६०००	स्वेन् चाङ्	६४५-४७
	"	ची १२०२		१ युज	३००	"	६४५
३.	धर्मकायगुणस्त्रोत्र	ति १११५	स्तोत्र क	६१ख६-६२ख३	३०	जिनमित्र, शीलेन्द्र+ये स्दे	८०६ ई०
४.	धर्मानुस्मृति	" ३९८३	सू डे	१५क६-ख७	१६	०	
५.	धर्मानुप्रदीपोपदेश	" ४०७३	विज्ञान हि	१२०ख२-२६ख७	१६०	०	
६.	ध्यानव्यवहार	ची १२३०		१२ पत्र	१४४	ई चिङ्	७०३ ई०
७.	बुद्धानुस्मृति	ति ३९८२	सू डे	११ख५-१५क६	९०	अजितश्रीभद्र+शक्य+भेद	१०७० ई०
८.	मध्यांतानुगम	ची १२४६		२ युज	६००	गौतम प्रज्ञारुचि	५४३ ई०
९.	महायानसंग्रह	ति ४०४८	विज्ञान डि	१ख१-४३क७	१०४०	जिनमित्र, शीलेन्द्र+ये स्दे	८०६ ई०
१०.	महायानसंपरिग्रहशा	ची ११८३		३ युज	९००	परमार्थ	५६३ ई०
	"	" ११८४		२ युज	६००	बुद्धशांत	५३१ ई०
	"	" १२४७		३ युज	९००	स्वेन चाङ्	६४८-४९
११.	महायानाभिधर्मसंगीति	" ११९९		७ युज	२१००	"	६५२ ई०

	ग्रंथ	संच्यक	विषय	परिमाण	श्लोक	अनुवादक	समय
१२.	योगचर्याभूमि	ति ४०३५	विज्ञान छि	१ख१-१२६क७	३२००	सज्जन+ब्लो शेस्	१०८० ई०
	" योगाचार०	ची ११७०		१०० युज	३००००	स्वेन चाङ्	६४६-६४७
१३.	" पर्यायसंग्रह	ति ४०४१	विज्ञान डि	२२ख१-४७ख७	६४०	०	
१४.	" बोधिसत्वभूमि	" ४०३७	" वि	१ख१-२१३क७	५२६०	जिनमित्र+ये शेस् स्दे	८०६ ई०
१५.	" वस्तुसंग्रह	ति ४०३९	विज्ञान सि	१२७क४-३३५क३	५२००	प्रज्ञावर्मा, जिनमित्र+ये स्दे	८०६ ई०
१६.	" विनयसंग्रह	" ४०४०	" डि	१ख१-२२क७	५२५	"	"
१७.	" विनिश्चयसंग्रह	" ४०३८	" शि	१ख१-२८६क७			
			" सि	१ख१-१२७क४	१००००	"	"
१८.	" विवरणसंग्रह	" ४०४२	" डि	४७ख७-४८ख७	२५	प्रज्ञावर्मा, सुरेन्द्रबोधि+ये स्दे	"
१९.	" श्रावकभूमि	" ४०३६	" जि	१ख१-१६५क७	४८५०	जिनमित्र+ये शेस् स्दे	"
२०.	वज्रच्छेदिकाप्रज्ञापारमितागाथा	ची १२०८	६६ पत्र	७२	ई चिङ्	७११	
२१.	" शा	" ११६७	३ युज	६००	धर्मगुप्त	५९०-६१६ ई०	
२२.	" व्याख्या	" १२३१	३ युज	६००	ई चिङ्	७११ ई०	
२३.	शालिस्तम्बकारिका	ति ३९८५	सू डे	१५ख७-१८क३-२०ख४६०		०	०
२४.	संधानुस्मृति	"३९८४	डे	१५ख७-१८क३	६०	अजीतश्रीभद्र शाक्य भेद	१०८०

. टीका

ग्रंथ	संच्यक	विषय	परिमाण	श्लोक	अनुवादक	समय	
२५.	महायानोत्तरतंत्रव्याख्या	ति ४०२५	विज्ञान फि	७९ख१-१२९क७	१२५०	सज्जन ब्लो शेस्	
२६.	संधिनिर्मोचन टीका	" ३९८१	सूत्र डे	१ख१-११ख५	२५०	जिनमित्र, शीलेन्द्र+ये शेस् स्दे	८०६ ई०
२७.	सूत्रलंकारटीका	ची ११९०		१३ युज	३९००	प्रभाकरमित्र	९३०-३३ ई०
				२. वज्रयान			
२८.	कुरुकुल्लसाधन	ति ३५६२	तंत्र मु	१६४क४-६५ख४	३०	ग्रास् ग्र्यल्	१२०० ई०
२९.	प्रज्ञापारमितासाधन	" ३५५०	"	१८५ख४-८६ख६	३०	"	"
३०.	बलिविधि	" ३७६९	" छ	१३०ख३-१६०ख२	७५०	कर्मवज्र+ग्शोन् छुल्	
३१.	मैत्रेयसाधन आर्य	" ३६४८	" मु	२६०ख५-६१ख२	२०	(महास्वामी)+स्तोन प	

དབྱིག་གཉེན།

३

वसुबन्धु (३७० ई०)

बौद्ध दार्शनिकों में वसुबन्धु का स्थान कुछ बातों में अपने अग्रज असंग से भी ऊंचा है। असंग बौद्धों के चार दार्शनिक सम्प्रदायों—वैभाषिक, सौत्रांतिक, योगाचर और माध्यमिक, में से एक के संस्थापक हैं। वसुबन्धु वैभाषिक-सम्प्रदाय के बहुत बड़े आचार्य हैं, पर उसके संस्थापक नहीं हैं। पीछे 'अभिधर्मकोश भाष्य' में वैभाषिकों से कुछ स्वतंत्रता दिखलाने के कारण उन्हें विरोध का सामना करना पड़ा और अन्त में तो वह अपने भाई के अनुयायी होकर और भी दूर चले गये। इससे उनकी स्वतंत्र प्रतिभा का पता लगता है जिसका उपयोग उन्होंने बौद्ध न्यायशास्त्र की स्थापना में किया। यद्यपि अपने शिष्य दिग्नाग की कृतियों के सामने वह छिप गये, पर दिग्नाग को बनाने वाले वसुबन्धु ही थे। वसुबन्धु ने बौद्ध त्रिपिटक के सार के रूप में 'अभिधर्मकोश' को लिखा। पिछली सोलह शताब्दियों में यह सब से अधिक पढ़ा जाने वाला दार्शनिक ग्रंथ है। आज भी जापान, चीन, तिब्बत और मंगोलिया में यह पाठ्यग्रंथ है। थेरवादी बौद्ध भी उसमें अपनी बातें पाते हैं, इसलिए वह भी उसे बड़े चाव से पढ़ते हैं।

जीवनी

वसुबन्धु की जीवनी चीन में भारतीय ग्रंथों के महान् अनुवादक कुमारजीव ने ४०१ ई० के लगभग लिखी थी, लेकिन वह पीछे लुप्त हो गयी। चीनी भाषा के दूसरे महान् भारतीय अनुवादक परमार्थ (५००-५६ ई०) द्वारा लिखित 'वसुबन्धुचरित' आज भी चीनी भाषा में (नन्जियो १४६३) मौजूद है। वसुबन्धु कितने ही समय तक अयोध्या (साकेत) में रहे। वहां के

राजा के पुत्र और रानी उनके शिष्य थे। काव्यालंकार में वामन ने वसुबन्धु का एक श्लोक उद्धृत किया है –

सोऽयं सम्प्रति चन्द्रगुप्त-तनयश्चन्द्रप्रकाशो युवा।
जातो भूपतिराश्रयः कृतधियां दिष्ट्रया कृतार्थश्रमः।।

इसमें चन्द्रगुप्त से गुप्तवंशी सम्राट चन्द्रगुप्त का उल्लेख किया गया है। चन्द्रगुप्त विक्रमादित्य के शासनकाल (३७५-४१५ ई०) में वसुबन्धु ने अयोध्या में रह कर आचार्य बुद्धमित्र के पास अध्ययन किया था। एक बार उनकी अनुपस्थिति में सांख्य के आचार्य विन्ध्यवासी ने वसुबन्धु के गुरु को परास्त कर दिया। वसुबन्धु ने बदला लेना चाहा, किन्तु विन्ध्यवासी मर चुके थे, इसलिए शास्त्रार्थ तो नहीं कर सके, पर विन्ध्यवासी (ईश्वरकृष्ण) द्वारा विरचित सांख्य-कारिका के ७० श्लोकों के उत्तर में वसुबन्धु ने 'परमार्थ सप्ततिका' लिखी जो 'सुवर्ण सप्ततिका' के नाम से आज भी चीनी अनुवाद (सन् १३००) में मौजूद है। वसुबन्धु ने मध्यदेश के भिन्न-भिन्न बिहारों में रहते अनेक ग्रंथों का प्रणयन किया। अंत में वह असंग के बुलाने पर गन्धार चले गये और वहीं उनके सम्पर्क से वैभाषिक के योगाचार मत में सम्मिलित हुए। ८० वर्ष की उमर में अपनी जन्मभूमि में उन्होंने शरीर छोड़ा।

विचार

जैसा कि ऊपर उल्लेख हुआ है, वसुबन्धु वैभाषिक और योगाचार दोनों के ऊपर गम्भीर ग्रंथों के प्रणेता थे। 'अभिधर्मकोश' को उन्होंने आठ स्थानों (परिच्छेदों) में लिखा है जिनके विषय हैं –

१. धातु-निदर्श ४८

२. इन्द्रिय-निदर्श ७३

३. लोकधातु निदर्श १०२

४. कर्म-निदर्श १२७

५. अनुशय ७०

६. आर्यमार्ग	७८
७. ज्ञान	५६
८. ध्यान	४०

यह हीनयान के सभी निकायों का सम्मिलित ग्रंथ है। वसुबन्धु ने स्वतंत्रता दिखलाई है, वह "अभिधर्मकोश" की ५९५ कारिकाओं में नहीं, बल्कि उसके भाष्य में ही। अपने ग्रंथ की अन्तिम कारिका में उन्होंने लिखा है—

काश्मीर-वैभाषिक-नीति-सिद्धः, प्रायो मयायं कथिताभिधर्मः।
यद् दुर्गहीतं तदिहास्मदागः, सद्धर्मनीतौ मुनयः प्रमाणम्।।४०।।

इससे स्पष्ट है कि उन्होंने कश्मीर के वैभाषिक मत के अनुसार इस ग्रंथ का प्रणयन किया। कनिष्क ने कश्मीर में सर्वास्तिवादियों की महासंगति करायी थी जिसमें तीनों पिटकों पर विभाषा के नाम से विस्तृत व्याख्याएं भी लिखी गयीं। इसी कारण मूलसर्वास्तिवादियों का नाम वैभाषिक पड़ गया। अभिधर्मकोश के लिखते समय वसुबन्धु की हीनयान में परम आस्था थी, इसीलिए प्राचीन सिद्धान्तों से स्वतंत्रता दिखलाने वाले आचार्यों की भर्त्सना करते वह खिन्न होते हैं—

निमीलिते शास्तरि लोक-चक्षुषि, क्षयंगते साक्षिजने च भूयसा।
अदृष्टतत्वैर्निरवग्रहेः स्वयं, कुतार्किके शासनमास्कुलीकृतम्।।

ऐसे निरवग्रह कुतार्किकों में उनके अग्रज असंग प्रमुख थे, जिनके पथ का ही उन्होंने अन्त में अनुसरण किया।

विज्ञानवाद पर उनके विज्ञप्तिमात्रतासिद्धि नाम से ३० कारिकाओं (त्रिंशिका) और २० कारिकाओं (विशिका) के नाम से दो ग्रंथ प्रसिद्ध हैं। विज्ञानवाद के ये श्रेष्ठ ग्रंथ माने जाते हैं। स्वेन् चाङ् ने नालन्दा में रहते "विज्ञतिमात्रता" की दस टीकाएं एकत्रित की थीं जिनको मिलाकर उन्होंने चीनी में "विज्ञप्तिमात्रता" का अनुवाद किया। (इसके आधे अंश को मैंने संस्कृत में पुनरनुवादित कर दिया, शेष की भी सामग्री तैयार है,

देखें वह पूरी होती है या नहीं)। विज्ञानवाद में उन्होंने उसी सिद्धान्त का प्रतिपादन किया, जिसे असंग ने अपनी "योगचर्याभूमि" में बतलाया है।

कृतियां

वसुबन्धु की छोटी-बड़ी ५५ कृतियों के अनुवाद प्राप्त हैं। इनमें से वज्रयान से सम्बन्ध रखनेवाली कृतियां कोई नहीं हैं। अनुवादित कृतियों की सूची नीचे दी जाती है—

१. बौद्ध सामान्य	१-१८	१८
१. अभिधर्म	१-७	७
२. प्रमाणशास्त्र	८	१
३. टीका	६-१२	५
४. कथा	१४-१८	५
२. महायान		३७
१. विज्ञानवाद	१६-४६	३६
(क) मूल	१६-४०	२२
(ख) टीका	४१-५४	१४
२. स्तोत्र	५५	१
		५५

	ग्रंथ	संच्यक	विषय	परिमाण	श्लोक	अनुवादक	समय
	१. बौद्धसामान्य						
	१ अभिधर्म						
१.	अंतिमोपदेश	चीनी १२०६		२ युज	३००	परमार्थ	५५७-६९ ई०
२.	अभिधर्मकोशकारिका	" १२६७		६ युज	६००	स्वेन चाङ्	६५१-५४ ई०
	"	" १२७०			"	"	"
	"	तिब्बती ४०८९	अभि कु	१ख१-२५क७	६००	जिनमित्र+दपल् ब्चेग्स्	८२० ई०
३.	" भाष्य	ची १२६९		२२युज	६६००	परमार्थ	५६४-६७ ई०
	"	ति ४०९०	अभि कु	२६ख२-२६८क७	०	०	
			" खु	१ख१-९५क७	८०००	जिनमित्र+दपल् ब्चेग्स्	८२० ई०
४.	गाथासंग्रहशास्त्र	" ४१०२	अभि थु	२२३क४-२४क५	२५	धर्माकर+ये शेस् स्दे	८०६ ई०
						शोधक दपल् ब्चेग्स्	८२० ई०
५.	" अर्थ	" ४१०३	अभि थु	२२४क५-६१क७	६२५	धर्माकर+ये शेस् सियंग पो	८०६ ई०
						शोधक दपल् ब्चेग्स्	८२० ई०
६.	निर्वाणशास्त्र	ची १२०६		२ पत्र	१४४	धर्मबोधि	३८६-५५० ई०
७.	निर्वाणसूत्र	" १२०७		७ पत्र	८४	परमार्थ	५५० ई०

	ग्रंथ	संच्यक	विषय	परिमाण	श्लोक	अनुवादक	समय
	२. प्रमाणशास्त्र						
८.	तर्कशास्त्र (वादविवाद)	ची १२५२		१ युज	३००	परमार्थ	५५० ई०
	३. टीका						
९.	नागार्जुन भाष्य	ति ३९८८	सूत्र डि	६३ख५-६४ख६	२५	०	
१०.	ग्रंथशीर्ष	ची ११९२		२ युज	६०	सुरेन्द्र+ये शेस् स्दे	५३५ ई०
	" आख्यान	ति ३९९१	सू डि	७१ख४-७६क७	१२०	०	
११.	धर्मचक्रप्रवर्तनसूत्रोपदेश	ची १२०५		१२ पत्र	१४४	विमोक्षप्रज्ञ	५४१ ई०
१२.	प्रतीत्यसमुत्पादादि-गवभंगभाष्य	ति ३९९५	सू चि	१ख१-६१क७	१४८०	०	
१३.	बुद्धानुस्मृतिटीका	ति ३९८७	सू डि	५५ख३-६३ख५	२००	दानशील दपल् ब्चेग्स्	६२० ई०
	४. कथा						
१४.	पंचकामगुणोपालंभनिर्देश	ति ४१८०	कथाड	३९क७-ख६	२५	धर्मश्रीभद्र-रिन् छेन्	९५०-१०५०
	"	" ४५२३	स्वामी	१३३क७-ख५	१२	"	"
१५.	शीलपरिकथा	" ४१६४	कथा गे	१६९क१-ख२	१८	जनार्दन+रिन् छेन्	४५० ई०
	"	" ४५०८	स्वामी	१००ख१-१०१क१	१६	"	"
१६.	सप्तगुणपरिवदनकथा	"४१६३	कथा गे	१६८क४-६९क४	२०	गंगाधर+रिन छेन्	

	ग्रंथ	संच्यक	विषय	परिमाण	श्लोक	अनुवादक	समय
	"	" ४५०७	स्वामी	९९ख४-१००क७	२०	०	०
१७.	सप्तगुणविवरणकथा	" ४५४८	"	१७६ख६-७७क३	१०	कमलगुप्त+रिन् छेन्	७११ ई०
१८.	संबंधपरिकथा	" ४१६६	कथा गे	१७३ख१-७४क४	२०	गंगाधर+रिन् छेन्	"
	"	" ४५०९	स्वामी	१०१क१-१०२ख१	१८	"	"
				२. महायान			
	१. विज्ञानवाद						
	(क) मूल						
१९.	अपरिमितायु शास्त्र	ची १२०४		९ पत्र	१०८	बोधिरुचि	५२९ ई०
२०.	कर्मसिद्धिप्रकरण	" १२२१		१ युज	३००	स्वेन चाङ्	६५१ ई०
	"	" १२२२		"	"	विमोक्षप्रज्ञ	५४१ ई०
	"	ति ४०६२	विज्ञान शि	१३४ख२-४५क६	२४०	विशुद्धसिंह+देवेंद्ररक्षित	८३० ई०
२१.	चतुधर्मोपदेश	ची १२४१		१३ पत्र	१५६	विमोक्षप्रज्ञ	५३९वा ५४१ ई०
२२.	त्रिपूर्णसूत्रोपदेश	ची ११९६		१ युज	३००	विमोक्षप्रज्ञ	५३९ या ५४१
२३.	त्रिस्वभावनिदेश	" ४०५८	विज्ञान शि	१०क३-११ख४	४०	शांतिभद्र+गोसूल्ह	
	"	ति ३८४०	मा च	१५१क१-ख६	१८	शांतिभद्र गास्, ल्ह, ब्चेस्	१००० ई०
२४.	दशभूमिकशास्त्र	ची ११९४		१२ युज	३६००	बोधिरुचि	५०८-११ ई०
२५.	" व्याख्यान	ति ३९८३	सूत्र डि	१०३ख१-२६६क७	४०००	मंजुश्रीगर्भ+प्रज्ञावर्मा+ये स्दे	
२६.	ध्यानव्यवहार	ची १२३०		१२ पत्र	१४४	ई चिङ्	७०३ ई०
२७.	पंचस्कंधशास्त्र	" ११७६		१० पत्र	१२०	स्वेन् चाङ्	६४७ ई०

	ग्रंथ	संच्यक	विषय	परिमाण	श्लोक	अनुवादक	समय
	" प्रकरण	ति ४०५९	विज्ञान शि	११ख४-१७क४	१४०	जिनमित्र-शीलेन्द्र-दानशील	०
२८.	बुद्धगोत्रशास्त्र	ची १२२०		६ युज	२७००	परमार्थ	५५७-६९ ई०
२९.	बोधिचित्तोत्पाद	" १२१८		६ युज	"	कुमारजीव	४०५ ई०
३०.	मध्यांतविभाग	" १२४४		६ युज	२७००	स्वेन चाङ्	६६१ ई०
	"	" १२४८		"	"	परमार्थ	५५७-५९ ई०
३१.	" टीका	ति ४०२७	विज्ञान वि	१ख१-२७क७	६५०	जिनमित्र+शीलेंन्द्र ये स्दे	८०६ ई०
३२.	महायानशतधर्मविद्याद्वार	ची १२१३		२ पत्र	२४	स्वेन् चाङ्	'६४८ ई०
	"	ति ४०३६	विज्ञान शि	१४५क७-४६खर	३०	छोस् किय रिन छेन्	१२३० ?
३३.	वज्रच्छेदिकाशास्त्र	ची११६८		३ युज	९००	बोधरुचि	५०९ ई०
३४.	" व्याख्या	" १२३१		३ युज	९००	ई चिङ्	७११ ई०
३५.	विज्ञप्तिमात्रता (त्रिंशिका)	ची १२१५		६ पत्र	७२ ?	स्वेन् चाङ्	६४८
	" ('')	ति ४०५५	विज्ञान शि	१ख१-३क३	३०	जिनमित्र+शीलेन्द्र+ये स्दे	८०६ ई०
३६.	विज्ञप्तिमात्रतासिद्धि	ची १२३८		१ युज	३००	बोधिरुचि	५०८-३५ ई०
	"	" १२३९		१४ पत्र	१६०	परमार्थ	५५७-६९ ई०
	"	" १२४०		११ पत्र	१३२	स्वेन् चाङ्	६६१ ई०
३७.	विज्ञप्तिमात्रताविंशिकाकरि	ति ४०५६	विज्ञान शि	३क४-४कर	२०	जिनमित्र+शीलेन्द्र+ ये शेस् स्दे	८०६ ई०
३८.	" वृत्ति	" ४०५७	"	४क३-१०कर	१५०	"	"
३९.	व्याख्यायुक्ति	" ४०६१	"	२९कर-१३४खर	२६००	विशुद्धसिंह, शाक्यसिंह+देवेन्द्ररक्षित	८८० ई०
४०.	" सूत्रखंडशत	ति ४०६०	विज्ञान शि	१७ख१-२९कर	२८०	विशुद्धसिंह, सर्वज्ञदेव+देवेन्द्ररक्षित	८८० ई०

	ग्रंथ	संच्यक	विषय	परिमाण	श्लोक	अनुवादक	समय
	(ख) टीका						
४१.	अक्षयमतिनिर्देशटीका	ति ३९९४	सूत्र चि	१ख१-२६९क७	३०००	०	
४२.	धर्मधर्मताविभंगवत्ति	" ४०२८	विज्ञान वि	२७ख१-३८ख६	२८०	महाजन+ब्लो शेस्	१०५९-११०८ ई०
४३.	भद्रचर्याप्रणि टीका	" ४०१५	सू जि	२६२ख५-६९क७	१९०	आनंद+भद्रपाल	१०४० ई०
४४.	नहायानशतधर्मप्रकाशद्वार	" ४०६३	विज्ञान शि	१४५क७-५६ख२	२५	छोस्-किय रिन् छेन्	
४५.	महायानसंग्रहभाष्य	" ४०५०	विज्ञान रि	१२१ख१-१९०क७	१७३०	दीपंकरश्री+छुल् ग्र्यल्	१०५० ई०
४६.	वज्रच्छेदिकासप्तार्थटीका	" ३८१६	प्रज्ञा म	१७८क५-२०३ख७	६२५	ग्शोन् नु दपल्	०
४७.	विवत्तगुह्यार्थपिण्ड-व्याख्या	ची ११६३		३ युज	६००	बोधिरुचि	५३१ ई०
४८.	"	ति ४०५८	विज्ञा रि	२९६ख१-३६१क७	१६००	०	
४९.	विशेषचिंताब्ररमूपरिपृच्छाटीका	ची ११६३		३ युज	६००	बोधिरुचि	५३१ ई०
५०.	षश्मुखीधारणीव्याख्या	ति ३९८६	सू डि	६४ख६-६६ख२	४०	०	
	"	ति २६९४	तंत्र नु	१ख१-३क५	३०	०	
५१.	शतशस्त्रटीका	ची ११८८		२ युज	६००	कुमारजीव	४०४ ई०
५२.	शमथविपश्यनाद्वार	" १२२५		६ पत्र	७२	ई चिङ्	७११ ई०
५३.	सद्धर्मपुंडरीकसतटीका	" १२३२		२ युज	६००	बोधिरुचि	५०८-३५ ई०
	"	" १२३३		२ युज	६००	रत्नमति	५०८-५३५ ई०
५४.	सूत्रालंकारव्याख्यान	ति ४०२६	विज्ञान फि	१२६ख१-२६०क७	३२००	शाक्यसिंह+दपल् ब्र्चेग्स्	८२० ई०
	२. स्तोत्र						
५५.	त्रिरत्नस्तोत्रति	ति ११४६	स्तो क	१०६क७-११०क२	१५	०	

ཤྲཱི་སིངྷ

४

दिग्नाग (४२५ ई०)

'दिग्नागानां पथि परिहरन्' मेघदूत के इस वाक्य में दिग्नागों के पथ को छोड़ कर चलने के लिए कहा गया है। यहां महान् बौद्ध नैयायिक-दिग्नाग संकेतित हैं। कालिदास और दिग्नाग दोनों चन्द्रगुप्त विक्रमादित्य (३७५-४१५ ई०) के समकालीन थे। यह बिल्कुल सम्भव है कि कालिदास दिग्नाग जैसे महान् तार्किक की प्रतिभा से अभिभूत हो वैसा लिखने के लिए मजबूर हुए। दिग्नाग से दिग्पाल हस्ति का संकेत एक दूसरे ग्रंथाकार ने भी किया है। धर्मकीर्ति के प्रमाणवार्तिक के परार्थानुमान परिच्छेद पर ग्रंथकार ने स्वयं वृत्ति लिखी थी जिसके टीकाकार कर्णक गोभी ने लिखा है –

टीकाकृतः सकल एव गुणः स एष ब्रूतेत्र वस्तुगहनेपि यदस्मदादिः।
दिग्नागदन्तमुशलैर्विषमेऽपनीत लब्धेषु वर्त्मसु सुखं कलमाः प्रयान्ति।।

सचमुच ही दिग्नाग के दन्तरूपी मुसलों से बाधक वृक्षों को तोड़-ताड़ कर साफ रास्ता बना लेने पर साधारण जन भी उस पर आसानी से चल सकते हैं। दिग्नाग ने प्रमाणशास्त्र का पथ प्रशस्त किया। उसे शब्दजाल से मुक्त कर शुद्ध बुद्धिवादी दर्शन बनाया। इसीलिए उनको मध्यकालीन न्याय का पिता कहा जाता है।

जीवनी

दिग्नाग की जीवनी के बारे में हमें तिब्बती परम्परा से इतना ही मालूम है कि वह वसुबन्धु के शिष्य थे। तिब्बत में इस संबंध की यह परम्परा आठवीं शताब्दी में भारत से गयी, इसलिए इसे भारतीय परम्परा ही कहना चाहिए। यद्यपि चीनी परम्परा में दिग्नाग के वसुबन्धु के शिष्य होने का उल्लेख नहीं है, तो भी वहां उसके विरुद्ध भी कुछ नहीं पाया जाता।

दिग्नाग का काल वसुबन्धु के बाद और कालिदास के साथ हो सकता है। इस प्रकार उन्हें ४२५ ई० के आस-पास माना जा सकता है। 'न्यायमुख' के अतिरिक्त दिग्नाग का मुख्य ग्रंथ 'प्रमाणसमुच्चय' है जो सिर्फ तिब्बती भाषा में ही मिलता है। उसी भाषा में 'प्रमाणसमुच्चय पर' महावैयाकरण काशिकाविवरणपंजिका (न्यास) के कर्ता जिनेन्द्रबुद्धि (७०० ई०) की टीका भी मिलती है।

दिग्नाग का जन्म तमिल प्रदेश के कांची (कंजीवरम्) के पास सिंहवक् नामक एक गांव में एक ब्राह्मण-घर में हुआ था। सयाने होने पर वह वात्सीपुत्रीय बौद्ध-सम्प्रदाय के एक भिक्षु नागदत्त के सम्पर्क में आ भिक्षु बने। कुछ समय पढ़ने के बाद अपने गुरु से उनका पुद्‌गल (आत्मा)[1] के बारे में मतभेद हो गया जिसके कारण उन्होंने मठ को छोड़ दिया और उत्तर भारत में आचार्य वसुबन्धु के शिष्यों में दाखिल हो न्यायशास्त्र का विशेष तौर से अध्ययन किया। अध्ययन के बाद उन्होंने शास्त्रार्थों में प्रतिद्वंद्वियों पर विजय (दिग्विजय) पाने और न्याय के थोड़े से किन्तु गंभीर ग्रंथों के लिखने में समय बिताया।

दिग्नाग के प्रधान ग्रंथ प्रमाणसमुच्चय में परिच्छेदों और श्लोकों (कारिकाओं) की संख्या निम्न प्रकार है—

परिच्छेद	विषय	श्लोक-संख्या
१.	प्रत्यक्ष-परीक्षा	४८
२.	स्वार्थानुमान-परीक्षा	५१
३.	परार्थानुमान-परीक्षा	५०
४.	दृष्टान्त-परीक्षा	२१
५.	अपोह-परीक्षा	५२
६.	जाति-परीक्षा	२५
		२५७

१. वात्सीपुत्रीय बौद्धों के पुराने सम्प्रदायों में वह सम्प्रदाय है जो अनात्मवाद से साफ इन्कार न करते भी, छिपे तौर से एक तरह से आत्मवाद का समर्थन करना चाहता था।

"प्रमाणसमुच्चय" मूल संस्कृत में अभी तक नहीं मिला है, मैंने अपनी चार तिब्बत-यात्राओं में इस ग्रंथ को ढूंढने में बहुत परिश्रम किया परन्तु इसमें सफलता नहीं मिली। किन्तु मुझे अब भी आशा है कि वह तिब्बत के किसी मठ, स्तूप या मूर्ति के भीतर से जरूर कभी मिलेगा।

"प्रमाणसमुच्चय" के प्रथम श्लोक में दिग्नाग ने ग्रंथ लिखने का प्रयोजन बतलाया है[१]—"जगत् के हितैषी प्रमाणभूत उपदेष्टा बुद्ध को नमस्कार कर, जहां-तहां फैले हुए अपने मतों को यहां एक जगह प्रमाणसिद्धि के लिए जमा किया जायेगा।"

दिग्नाग के इस महान् ग्रंथ का सिर्फ तिब्बती अनुवाद प्राप्त है। श्री अय्यस्वामी ने कुछ साल पहले इसके परिच्छेद को तिब्बती से संस्कृत में रूपान्तर करके मैसूर में प्रकाशित कराया। सारे ग्रंथ को संस्कृत में लाने की आवश्यकता है।

कृतियां

दिग्नाग की निम्न १५ कृतियों का तिब्बती भाषा में अनुवाद मिलता है—

१. बौद्धसामान्य	१-८	८
१. प्रमाणशास्त्र	१-७	७
२. अभिधर्म	८	१
२. महायान	९-११	३
१. विज्ञानवाद	९-१०	२
२. टीका	११	१
३. स्तोत्र	१२-१५	४
		१५

१. प्रमाणभूताय जगद्धितैषिणे प्रणम्य शास्त्रे सुगताय तायिने।
प्रमाणसिद्धये स्वमतात् समुच्चयः करिष्यते विप्रसितादिहैककः।

ग्रंथ	संच्यक	विषय	परिमाण	श्लोक	अनुवादक		समय
				१. बौद्धसामान्य			
	१. प्रमाणशास्त्र						
१.	आलंबनपरीक्षा	ति ४२०५	प्रमाण चे	८६क१-क५	१०	शांताकरगुप्त	१२०० ई०
२.	" वृत्ति	" ४२०६	"	८४क५-८७ख२	२२	छुल् ग्र्यल्	"
३.	त्रिकालपरीक्षा	" ४२०७	"	८७ख२-८८ख५	३०	"	"
४.	न्यायप्रवेश	" ४२०८	"	८८ख५-९३क१	१००	स्तोन् ग्शोन्	१२५० ई० ?
५.	प्रमाणसमुच्चय	" ४२०३	"	१ख१-१३क७	३००	वसुधररक्षित+श म सेङ्ग्र्यल्	१०८० ई०
६.	" वृत्ति	" ४२०४	"	१४ख१-८५ख७	१८००	"	"
७.	हेतेचक्रडमरू	" ४२०९	"	९३क१-क७	१४	बोधिसत्व+धर्मालोक	७७० ई०
				२. महायान			
	१. विज्ञानवाद						
९.	प्रज्ञापारमिताकारिका	" ३८०९	प्रज्ञा न	२९२ख४-९४ख७	५०	तिलकलश+ब्लो शेसे	१०५९-११०८ ई०
१०.	योगावतार	" ४०७४	विज्ञान हि	१२६ख७-२७क१	१३	धर्मश्री+रिन् छेन्	९५०-१०५५ ई०
	"	" ४५३९	स्वामी	१६३ख१-६४क१	१५	"	"
	२. टीका						
११.	समंतभद्रचर्याप्रणिधानर्थसंग्रह	" ४०१२	सूत्र जि	१८२क१-२०१क४	४५०	०	

ग्रंथ	संच्यक	विषय	परिमाण	श्लोक	अनुवादक		समय
	३. स्तोत्र						
१२.	आर्यमंजुश्रीस्तोत्र	ति २७१२	तंत्र नु	७९क३-ख७	२०	श्रद्धाकर+रिन् छेन्	०
१३.	गुणापर्यंतस्तोत्र	ति २७१२	स्तोत्र क	२०३क१-ख१	१५	सर्वज्ञदेव+रिन् छेन् म्छोग् शोधक दपल् चेंग्स् रक्षित	८२० ई०
	"	" ४५६१	स्वामी	१९७क३-८ख३	१५	"	"
१४.	"	टीका ११५६	स्तोक	२००ख१-३क१	६०	"	"
	"	टीका ४५६०	स्वामी	१९४ख५-९७क३	६०	"	"
१५.	मिश्रकस्तोत्र	" ११५०	स्तोक	१८१क२-९३ख४	३२०	कुमारकलश+ब्सोद्, ब्सङ्	

ཚེས་ཀྲུ་ཀས།

५

धर्मकीर्ति (६०० ई०)

पाश्चात्य विद्वानों में संस्कृत और विशेषकर भारतीय दर्शन के सर्वश्रेष्ठ विद्वान् श्चेर्वात्स्की धर्मकीर्ति को भारत का 'कांट' कहते थे। व्यंग्य ही से सही 'न्यायमंजरी' के रचयिता जयन्त ने उन्हें "जगदमिमवधीर" कहा है। खंडनखंडखाद्य के रचयिता श्रीहर्ष ने कहा है—"दुराबाध इव एष धर्मकीर्ते : पंथा, तदत्रावहितेन भाव्यम्।" धर्मकीर्ति सिर्फ बौद्धों में ही नहीं बल्कि भारत के महान् विचारकों में बहुत ऊंचा स्थान रखते हैं। आज भी उनकी कृतियां नवीन-सी मालूम होती हैं।

जीवनी

धर्मकीर्ति का जन्म चोल (उत्तर तमिल) प्रान्त के तिरुमले नामक ग्राम में एक ब्राह्मण के घर में हुआ था। उनके पिता का नाम तिब्बती परम्परा में कारूनन्द (२) मिलता है और यह भी कहा गया है कि वह कुमारिलभट्ट के भांजे थे। यदि यह ठीक है (जिसकी बहुत कम सम्भावना है) तो मामा के तर्कों का जिस तरह प्रमाणवार्तिक में खंडन करते हुए धर्मकीर्ति ने मार्मिक परिहास किया है, वह उन्हें सजीव हास्यप्रिय व्यक्ति के रूप में हमारे सामने ला रखता है। धर्मकीर्ति बचपन से ही बड़े प्रतिभाशाली थे। पहले उन्होंने ब्राह्मणों के शास्त्रों और वेद-वेदांगों का अध्ययन किया। उस समय बौद्ध धर्म की ध्वजा भारत के कोने-कोने में फहरा रही थी और नागार्जुन, वसुबन्धु तथा दिग्नाग का बौद्ध-दर्शन विरोधियों में प्रतिष्ठा पा चुका था। धर्मकीर्ति को भी यह सब जानने का मौका मिला और वह इतने प्रभावित हुए कि तिब्बती-परम्परा के अनुसार उन्होंने बौद्ध गृहस्थों के वेष में बाहर आना-जाना शुरू किया (२) जिसके कारण

ब्राह्मणों ने उनका जाति बहिष्कार किया। उस समय नालन्दा की ख्याति भारत से दूर-दूर तक फैली हुई थी। धर्मकीर्ति नालन्दा चले गये और अपने समय के महान् विज्ञानवादी दार्शनिक तथा नालन्दा के संघस्थविर (प्रधान) धर्मपाल के शिष्य बन भिक्षु-संघ में सम्मिलित हुए।

धर्मकीर्ति की न्यायशास्त्र के अध्ययन में ज्यादा रुचि थी। उसे उन्होंने दिग्नाग की शिष्य-परम्परा के आचार्य ईश्वरसेन से पढ़ा।

विद्या समाप्त करने के बाद उन्होंने अपना जीवन ग्रंथ लिखने और शास्त्रार्थ करने में व्यतीत किया।

चीनी पर्यटक ई-चिङ् ने धर्मकीर्ति का वर्णन अपने ग्रंथ में किया है, इसलिए धर्मकीर्ति ६७६ ई० से पहले हुए, इसमें सन्देह नहीं।.... धर्मकीर्ति नालन्दा के प्रधान आचार्य धर्मपाल के शिष्य थे। स्वेन-चाङ् के समय (६३३ ई०) धर्मपाल के शिष्य शीलभद्र नालन्दा के आचार्य थे जिनकी आयु उस समय १०६ वर्ष की थी। ऐसी अवस्था में धर्मपाल के शिष्य धर्मकीर्ति ६३५ ई० में बच्चे नहीं हो सकते थे।.....धर्मकीर्ति के बारे में स्वेन्-चाङ् की चुप्पी का कारण हो सकता है उनके नालन्दा निवास के समय से पूर्व ही धर्मकीर्ति का देहान्त हो चुका होना।....[१]

यह और दूसरी बातों पर विचार करते हुए धर्मकीर्ति का समय ६०० ई० ठीक मालूम होता है।

धर्मकीर्ति के ग्रंथ

धर्मकीर्ति ने अपने ग्रंथ सिर्फ प्रमाण-संबंद्ध बौद्ध-दर्शन या बौद्ध प्रमाणशास्त्र पर लिखे हैं। इनकी संख्या नौ है जिनमें सात मूल और दो अपने ही ग्रंथ या टीकाएं हैं –

ग्रंथनाम	परिमाण (श्लोकों में)	गद्य या पद्य
१. प्रमाणवार्तिक	१४५४-१/२	पद्य
२. प्रमाणविनिश्चय[8]	१३४०	गद्य-पद्य

१. मेरी पुस्तक – पुरातत्व निबंधावली, पृष्ठ २१५-१७

३. न्यायविन्दु	१७७	गद्य
४. हेतुविन्दु	४४४	गद्य
५. संबंध-परीक्षा[7]	२६	पद्य
६. वाद-न्याय	७६८	गद्य-पद्य
७. सन्तान्तर-सिद्धि[9]	७२	पद्य
	४३१४-१/२	

टीकाएं

८. वृत्ति[10]	३५००	गद्य प्रमाणवार्तिस्ववृत्ति[11] परिच्छेद-१
६. वृत्ति	१४७	गद्य संबंध-परीक्षा[9] पर।
	३६४७	

धर्मकीर्ति ने मूल और टीका मिला कर (४३१४-१/२ + ३६४७) ७६६१-१/२ श्लोकों[2] के बराबर ग्रंथ लिखे हैं। ये ग्रंथ कितने महत्त्वपूर्ण समझे जाते थे, यह इसी से पता लगता है कि तिब्बती भाषा में अनुवादित बौद्ध-न्याय के कुल संस्कृत ग्रंथांक १७५००० श्लोकों में १३७००० धर्मकीर्ति के ग्रंथों की टीका-अनुटीकाओं के हैं।

टीकाएं इस प्रकार हैं—

मूल ग्रंथ	टीकाकार	किस परिच्छेद पर	ग्रंथ परिमाण
१. प्रमाणवार्तिक[2]			
	१. देवेन्द्रबुद्धि (पंजिका-टीका)	२-४	८७४८
	२. शाक्यबुद्धि (पंजिका-टीका)	२-४	१७०४६
	३. प्रज्ञाकरगुप्त (भाष्य)	२-४	१६२७६
	४. जयानन्त (भाष्यटीका)	२-४	१८१४८
	५. यमारि (भाष्यटीका)	२-४	२६५५२

१. यह ग्रंथ केवल तिब्बती भाषान्तर में मिलता है।

२. श्लोक से ३२ अक्षर समझना चाहिए।

नोट : 7, 9, 10, 11 फुटनोट को कृपया पृष्ठ संख्या 88 पर देखें।

६.	रविगुप्त (भाष्यटीका)	२-४	७५५२
७.	मनोरथनन्दी (वृत्ति)	१-४	८०००
८.	धर्मकीर्ति (स्ववृत्ति)	१	३५००
९.	शंकरानन्द (स्ववृत्ति-टीका) अपूर्ण	१	७५७८
१०.	कर्णकगोमी (स्ववृत्ति-टीका)	१	१००००
११.	शाक्यबुद्धि (स्ववृत्ति-टीका)	१	.....

२. प्रमाणविनिश्चय[1]

१.	धर्मोत्तर (टीका)	१-३	१२४६३
२.	ज्ञानश्री (टीका)		३२७१

३. न्यायविन्दु

१.	विनीतदेव (टीका)	१-३	१०३०
२.	धर्मोत्तर (टीका)	१-३	१४७७
३.	दुर्वेक मिश्र (अनु-टीका)	१-३	....
४.	कमलशील (टीका)		२२१
५.	जिनमित्र (टीका)		३१

४. हेतुविन्दु

१.	विनीतदेव (टीका)	१-४	२२६८
२.	अर्चट (विवरण)	१-४	१७६८
३.	दुवेक मिश्र (अनु-टीका)	१-४	१७६८

५. संवंध-परीक्षा[2]

१.	धर्मकीर्ति (वृत्ति)	१४७
२.	विनीतदेव (टीका)	५४८
३.	शंकरानंद (टीका)	३८४

---

१. यह ग्रंथ केवल तिब्बती भाषान्तर में मिलता है।

२. राहुल सांकृत्यायन द्वारा तिब्बती से अंशतः और पुनः अनुवादित हो बिहार रिसर्च सोसायटी के जर्नल में प्रकाशित।

६. वादन्याय

१.	विनीतदेव (टीका)	६०६
२.	शान्तरक्षित (टीका)	२६००

७. सन्तानान्तरसिद्धि[1]

१.	विनीतदेव (टीका)	४७४

प्रमाणवार्तिक टीकाकारों का क्रम इस प्रकार है—

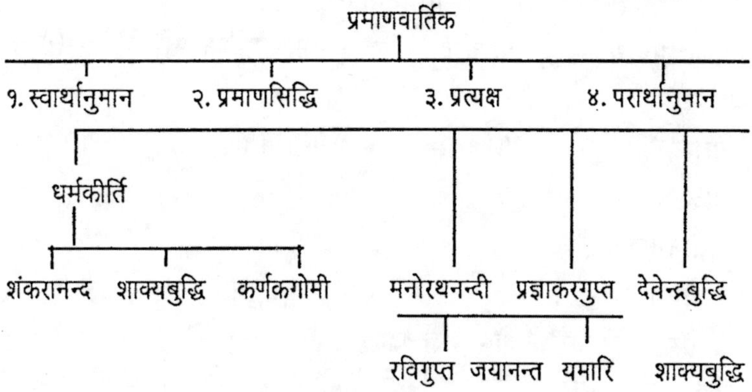

काल क्रम के साथ धर्मकीर्ति की शिष्य-परम्परा—

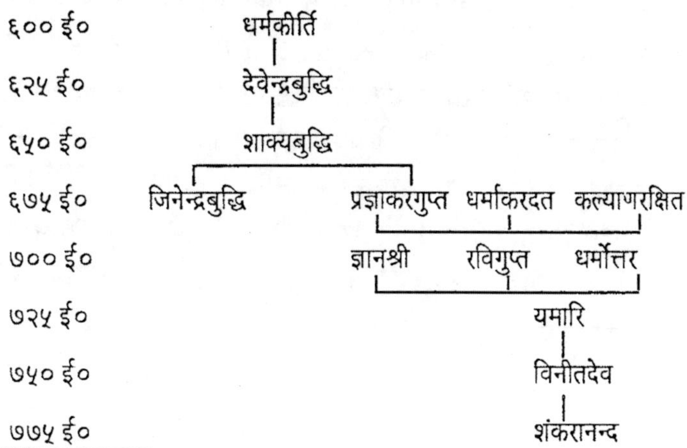

१. यह ग्रंथ केवल तिब्बती भाषान्तर में मिलता है।

प्रमाणवार्तिक

धर्मकीर्ति का 'प्रमाणवार्तिक' दिग्नाग के 'प्रमाणसमुच्चय' की एक स्वतंत्र व्याख्या है। प्रमाणसमुच्चय के चार परिच्छेदों के विषय प्रमाणसिद्धि, प्रत्यक्ष-स्वार्थानुमान प्रमाण और परार्थानुमान-प्रमाण हैं, किन्तु साधारणतः पुस्तकों में यह क्रम पाया जाता है—स्वार्थानुमान, प्रमाणसिद्धि, प्रत्यक्ष और परार्थानुमान। यह क्रम अशुद्ध है इसे समझने में दिक्कत नहीं होती, जब हम देखते हैं कि प्रमाणसमुच्चय के जिस भाग पर प्रमाणवार्तिक लिखा गया है, वह किस क्रम से है। इसके लिए देखिए—प्रमाण-समुच्चय के भाग और उस पर के प्रमाणवार्तिक को—

प्रमाणसमुच्चय	**परिच्छेद**	**प्रमाणवार्तिक परिच्छेद**	**(होना चाहिए)**
मंगलाचरण[1]	१/१	प्रमाणसिद्धि	१
प्रत्यक्ष	१	प्रत्यक्ष	२
स्वार्थानुमान	२	स्वार्थानुमान	३
परार्थानुमान	३	परार्थानुमान	४

प्रमाणसमुच्चय के शेष परिच्छेदों—दृष्टांत[2], अपोह[3], जाति[4] (सामान्य) परीक्षाओं के बारे में अलग परिच्छेदों में न लिखकर धर्मकीर्ति ने उन्हें प्रमाणवार्तिक के इन्हीं चार परिच्छेदों में प्रकरण के अनुकूल बांट दिया।

न्यायविन्दु तथा धर्मकीर्ति के दूसरे ग्रंथों में भी प्रत्यक्ष, स्वार्थानुमान, परार्थानुमान के युक्तिसंगत क्रम को ही माना गया है और मनोरथनन्दी ने भी प्रमाणवार्तिकवृत्ति में यही क्रम स्वीकार किया है, इसलिए भाष्यों, पंजिकाओं, टीकाओं या मूलपाठों में सर्वत्र स्वार्थानुमान, प्रमाणसिद्धि, प्रत्यक्ष परार्थानुमान के क्रम को देखने पर भी ग्रंथकार का क्रम यह नहीं। बल्कि मनोरथनंदी द्वारा स्वीकृत क्रम ही ठीक मालूम होता है। क्रम में

---

१. देखो पृष्ठ ६२६२

२. प्रमाणवार्तिक ३/३७, ३/१३६,

३. वही २/१६३-७३,

४. वही २/५-५५, २/१४५-६२, ३/५५-१६१, ४/१३३-४८, ४/१७६-८८

उलट-पुलट हो जाने का कारण धर्मकीर्ति की स्वार्थानुमान पर स्वरचित वृत्ति है। उनके शिष्य देवेन्द्रबुद्धि ने ग्रंथकार की वृत्ति वाले स्वार्थानुमान परिच्छेद को छोड़ कर अपनी पंजिका लिखी, जिससे आगे वृत्ति और पंजिका को अलग-अलग रखने के लिए प्रमाणवार्तिक को दो भागों में कर दिया गया। इस विभाग को और स्थायी रूप देने में प्रज्ञाकरगुप्त के भाष्य तथा देवेन्द्रबुद्धि की पंजिका वाले तीनों परिच्छेदों के चुनाव में सहायता की। इस क्रम को सर्वत्र प्रचलित देखकर मूल कारिका की प्रतियों ने भी लेखकों को यही क्रम अपना लेना पड़ा। यद्यपि मनोरथनन्दी द्वारा स्वीकृत क्रम के अनुसार उनकी वृत्ति को मैंने सम्पादित किया है और वह उपलब्ध है, तो भी मूल प्रमाणवार्तिक को मैंने सर्वस्वीकृत तथा तिब्बती अनुवाद और तालपत्र में मिले क्रम से सम्पादित किया है और प्रज्ञाकार गुप्त का प्रमाणवार्तिक भाष्य (वार्तिकालंकार) भी उसी क्रम से प्रकाशित किया। इसलिए मैंने भी यहां परिच्छेद और कारिका देने में उसी सर्वस्वीकृत क्रम को स्वीकार किया है।

प्रमाणवार्तिक के परिच्छेद के क्रम से मुख्य विषय हैं –

विषय	**परिच्छेद (कारिका)**
पहला परिच्छेद	
(स्वार्थानुमान)	
१. ग्रंथ का प्रयोजन	१/१
२. हेतु पर विचार	१/३
३. अभाव पर विचार	१/५
	(+ ४/१२६)
४. शब्द पर विचार	१/१८६
५. शब्द प्रमाण नहीं	१/२१४
६. अपौरुषेय वेद प्रमाण नहीं	१/२२५
दूसरा परिच्छेद	
विषय	**परिच्छेद (कारिका)**
(प्रमाणसिद्धि)	

१. प्रमाण का लक्षण	२/१
२. बुद्ध के वचन क्यों माननीय हैं	२/२६

तीसरा परिच्छेद

विषय	**परिच्छेद (कारिका)**
(प्रत्यक्षप्रमाण)	
१. प्रमाण दो ही प्रत्यक्ष, अनुमान	३/१
२. परमार्थ-सत्य और व्यवहार-सत्य	३/३
३. सामान्य कोई वस्तु नहीं	३/३ (+४/१३१)
४. अनुमान प्रमाण	३/५५
५. प्रत्यक्ष प्रमाण	३/१२३
६. प्रत्यक्ष के भेद	३/१६१
७. प्रत्यक्षभास कौन है ?	३/२८८
८. प्रमाण का फल	३/३००

चौथा परिच्छेद

विषय	**परिच्छेद (कारिका)**
(परार्थानुमा)	
१. परार्थानुमान का लक्षण	४/१
२. पक्ष पर विचार	४/१५
३. शब्द प्रमाण नहीं	४/४८
४. सामान्य कोई वस्तु नहीं	४/१३१ (+३/३)
५. पक्ष के दोष	४/१४१
६. हेतु पर विचार	४/१८६
७. अभाव पर विचार	४/१२६ (+१/५)
८. भाव क्या है ?	४/२८

धर्मकीर्ति ने न्यायशास्त्र पर ही अपने ग्रंथ[१] लिखे हैं। उन्हें दर्शन के बारे में जो कुछ कहना था, इन्हीं प्रमाणशास्त्रीय ग्रंथों में कहा। इन सात ग्रंथों में प्रमाणवार्तिक[२] (१४५४ -१/२ श्लोक) न्यायविन्दु[३] (१७७ श्लोक) प्रमाणविनिश्चय (१३४० श्लोक), हेतुविन्दु[४] (४४४ श्लोक) के प्रतिपाद्य विषय एक ही हैं और उनमें सबसे बड़ा और संक्षेप में अधिक बातों पर प्रकाश डालने वाला ग्रंथ प्रमाणवार्तिक है। वादन्याय[५] में आचार्य ने अक्षपाद के १८ निग्रहस्थानों की भारी भरकम सूची को व्यर्थ बतलाकर, उसे आधे श्लोक में कह दिया है[६]—

"निग्रह (पराजय) स्थान है (वाद के लिए) अ-साधन बात का कहना और (प्रतिवादी के) दोष का न पकड़ना।"

'सम्बन्धपरीक्षा' की २६ कारिकाओं में धर्मकीर्ति ने क्षणिकवाद के अनुसार कार्य कर सम्बन्ध कैसे माना जा सकता है, इसे बतलाया है। यह विषय 'प्रमाणवार्तिक' में भी संक्षेप में आया है।

सन्तान्तरसिद्धि के ७२ सूत्रों में धर्मकीर्ति ने पहले तो इस मन-सन्तान—मन एक वस्तु नहीं बल्कि प्रतिक्षण नष्ट और नयी उत्पन्न होती सन्तान-घटना है, से परे भी दूसरी-दूसरी मन-सन्तानें (सन्तानान्तर)

---

१. धर्मकीर्ति के सात मौलिक और दो टीका ग्रंथों में से छः संस्कृत में प्रकाशित हो चुके हैं।

२. यह मूल, मनोरथनन्दी की वृत्ति और प्रज्ञाकरगुप्त भाष्य के साथ राहुल सांकृत्यायन द्वारा सम्पादित होकर बिहार रिसर्च सोसायटी और जायसवाल इंस्टिट्यूट, पटना द्वारा प्रकाशित।

३. यह पहले से ही उपलब्ध था। धर्मोत्तर की टीका और दुर्वेक मिश्र की अनुटीका के साथ जायसवाल इंस्टिट्यूट से प्रकाशित।

४. मूल तिब्बती भाषा से राहुल सांकृत्यायन द्वारा संस्कृत में पुनः भाषान्तरित एवं अर्चट की टीका और दुर्वेक मिश्र की अनुटीका के साथ बड़ौदा गायकवाड़ ओरियेन्टेल सीरीज से प्रकाशित।

५. शान्तरक्षित की टीकासहित राहुल सांकृत्यायन द्वारा सम्पादित हो बिहार रिसर्च सोसायटी के जर्नल में प्रकाशित।

६. "असाधनांगवचनं अदोषोद्भावनं द्वयोः।" वादन्याय, पृ० १,२

हैं, उसे सिद्ध किया है और अंत में बतलाया है कि ये सब मन (विज्ञान)—सन्तानें किस प्रकार मिल कर दृश्य जगत् का (विज्ञानवाद के अनुसार) बाहर क्षेप करती हैं। विज्ञानवाद की चर्चा प्रमाणवार्तिक में भी है।

विचार

(१) **क्षणिकवाद**—बुद्ध के दर्शन में 'सब अनित्य है' इस सिद्धान्त पर बहुत जोर दिया गया है, यह हम बतला आये हैं। इसी अनित्यवाद को पीछे के बौद्ध दार्शनिकों ने क्षणिकवाद कहकर उसे अभावात्मक से भावात्मक रूप दिया। धर्मकीर्ति ने इस पर और जोर देते हुए कहा—"सत्ता मात्र में नाश (धर्म) पाया जाता है।[१] इस भाव को बाद में ज्ञानश्री (७०० ई०) ने कहा है।—जो "(जो) सत् (भावरूप) है, वह क्षणिक है।"[२] "सभी संस्कार (किये हुए पदार्थ) अनित्य हैं" इस बुद्ध-वचन की ओर इशारा करते हुए धर्मकीर्ति ने कहा है[३] "जो कुछ उत्पन्न स्वभाव वाला है, वह नाश स्वभाव वाला है।" अनित्य क्या है, इसे बतलाते हुए उन्होंने लिखा है—पहले होकर जो भाव (पदार्थ) पीछे नहीं रहता, वह अनित्य है।[४]

इस प्रकार बिना किसी अपवाद के क्षणिकता का नियम सारे भाव (सत्ता) रखने वाले पदार्थों में है।

---

७. **'सम्बन्ध-परीक्षा**—यह ग्रंथ राहुल सांकृत्यायन द्वारा अंशतः तिब्बती से पुनः अनुवादित है। प्रमाणवार्तिक भाष्य के साथ प्रकाशित।

८. **प्रमाणविनिश्चय**—यह ग्रंथ केवल तिब्बती भाषान्तर में मिलता है।

९. **सन्तानान्तर सिविध**—यह ग्रंथ केवल तिब्बती भाषान्तर में मिलता है।

१०. **सम्वन्ध-परीक्षा वृत्ति**—केवल तिब्बती में प्राप्त।

११. **प्रमाणवार्तिक स्ववृत्ति**—राहुल सांकृत्यायन द्वारा अंशतः संस्कृत में पुनः अनुवादित और कर्णकगोमि की टीका सहित किताब महल, इलाहाबाद से प्रकाशित।

१. प्रमाणवार्तिकम् १/२७२ "खत्तामात्रानुबन्धित्वात् नाशस्य"।

२. "यत् सत् तत् क्षणिकं"—क्षणभंग १/१ (ज्ञानश्री)।

३. प्र० वा० २/२८४-५

४. वही ३/५१

परमार्थ सत् की व्याख्या–प्लातोन और उपनिषद् के दर्शनकार क्षण-क्षण परिवर्तनशील जगत् और उसके पदार्थों के पीछे एक अपरिवर्तनशील तत्त्व को परमार्थ सत् मानते हैं, किन्तु बौद्ध दर्शन को इस इन्द्रिय और बुद्धि की गति से परे किसी तत्त्व को मानने की जरूरत न थी, इसलिए धर्मकीर्ति ने परमार्थ सत् की व्याख्या करते हुए कहा–

अर्थवाली क्रिया में जो समर्थ है, वही यहां परमार्थ सत् है, इसके विरुद्ध जो (अर्थक्रिया में असमर्थ) है, वह संवृत्ति (फर्जी) सत् है।[१] घड़ा, कपड़ा परमार्थ सत् हैं, क्योंकि वह अर्थक्रिया समर्थ है, उनसे जलआनयन या सर्दी-गर्मी का निवारण हो सकता है, किन्तु घड़ापन, कपड़ापन जो सामान्य (जाति) माने जाते हैं, यह संवृत्ति (काल्पनिक) या फर्जी सत् है। क्योंकि उनसे अर्थक्रिया नहीं हो सकती। इस तरह व्यक्ति और उनका भेद (भिन्नता) रखने वाले हैं, किन्तु उसी संवृत्ति (कल्पना) से जब उनके नानापन (अलग-अलग घड़ों) को ढांक दिया जाता है, तो वह किसी (घड़ापन) रूप से अभिन्न से मालूम होने लगते हैं।[२]

(२) **नाश अहेतुक**–क्षणिकता का सारे भावों पदार्थों में स्वभाव से ही है, इसलिए नाश भी स्वाभाविक है, फिर नाश के लिए किसी हेतु या हेतुओं की आवश्यकता नहीं–अर्थात् नाश अहेतुक है, वस्तु की उत्पत्ति के लिए हेतु या बहुत से हेतु (हेतु-सामग्री) चाहिए जिससे कि पहले न मौजूद पदार्थ भाव में आवे। चूंकि एक मौजूद वस्तु को नाश और दूसरी ना-मौजूद वस्तु की उत्पत्ति पास-पास होती है, इसलिए हमारी भाषा में कहने की यह गलत परिपाटी पड़ गयी है कि हम हेतु को उत्पन्न वस्तु से न जोड़ नष्ट से जोड़ देते हैं।

(३) **कारण-समूहवाद**–कार्य एक से नहीं बल्कि अनेक कारणों के इकट्ठा होने–'कारण-सामग्री'–से उत्पन्न होता है, अर्थात् अनेक कारण मिलकर एक कार्य को उत्पन्न करते हैं। इस सिद्धान्त द्वारा बौद्ध

---

१. प्रमाणवार्तिक १/७१

२. प्रमाणवार्तिक ३/३

दार्शनिक जहां जगत् में प्रयोगतः सिद्ध वस्तुस्थिति की व्याख्या करते हैं, वहां किसी एक ईश्वर के कर्तापन का भी खण्डन करते हैं। साथ ही यह भी बतलाते हैं कि स्थिरवाद—चाहे वह परमाणुओं का हो या ईश्वर का—कारणों की सामग्री (इकट्ठा होने का) अस्तित्व में नहीं ला सकता, यह क्षणिकवाद ही है जो कि भावों की क्षणिकता—देश और काल में गति—की वजह से कारणों की सामग्री (इकट्ठा होना) करा सकता है।

कोई भी एक (वस्तु) एक (कारण) से नहीं उत्पन्न होती, बल्कि सामग्री (बहुत से कारणों के इकट्ठा होने) से (एक या अनेक) सभी कार्यों की उत्पत्ति होती है।[१]

कार्यों के स्वभावों (स्वरूपों) में जो भेद है, वह आकस्मिक नहीं, बल्कि कारणों (कारण-सामग्री) से उत्पन्न होता है। उनके (कारणों के) बिना (किसी दूसरे से) उत्पन्न होना माने तो कार्य के रूप (कोयले) का उस (आग) से उत्पन्न कैसे कहा जायगा ?[२]

(चूँकि) सामग्री (कारण-समुदाय) की शक्तियां भिन्न-भिन्न होती हैं, (अतः) उन्हीं के कारण वस्तुओं (कार्यों) में भिन्न-रूपता दिखलाई पड़ती है। यदि वह (अनेक कारणों की सामग्री) भेद करने वाली न होती, तो यह जगत् (विश्व-रूप नहीं) एक रूप होता।[३]

मिट्टी, चक्का, कुम्हार अलग-अलग (किसी घड़े जैसे भिन्न रूप वाले) कार्य के करने में असमर्थ हैं, किन्तु उनके (एकत्र) होने पर कार्य होता है, इससे मालूम होता है कि संहत (एकत्रित) हुई उन (क्षणिक वस्तुओं) में हेतुपन (कारणपन) है, ईश्वर आदि में नहीं, क्योंकि ईश्वर आदि में क्षणिकता न होने से अभेद (एकरसता) है।[४]

(४) **प्रमाण पर विचार**—मानव का ज्ञान जितना ही बढ़ता गया,

---

१. प्रमाणवार्तिक ३/५३६,

२. प्रमाणवार्तिक, ४/२४८,

३. वही, ४/२४६,

४. वही, २/२८

उतना ही उसने उसके महत्त्व को समझा और अपने जीवन के हर क्षेत्र में मस्तिष्क का अधिक उपयोग किया। यही ज्ञान की महिमा आगे प्रयोगसिद्ध नहीं कल्पना-सिद्ध रूप में धर्म तथा धर्म-सहायक दर्शन में परिणत हुई, यह हम उपनिषत्काल में देखते हैं। उपनिषत् के दार्शनिकों का जितना जोर ज्ञान पर था, बुद्ध का उससे भी कहीं अधिक उस पर जोर था, क्योंकि अविद्या को वह सारी बुराइयों की जड़ मानते थे और उसके दूर करने के लिए आर्य-सत्य (निर्दोष ज्ञान) को बहुत जरूरी समझते थे। पिछली शताब्दियों में जब भारतीयों को अरस्तू के तर्कशास्त्र के सम्पर्क में आने का मौका मिला, तो ज्ञान और उसकी प्राप्तिक साधनों की ओर उनका ध्यान अधिक गया, यह हम नागार्जुन, कणाद, अक्षपाद आदि के बारे में देखते हैं। वसुबन्धु, दिग्नाग तथा धर्मकीर्ति ने इसी बात को अपना मुख्य विषय बना कर अपने प्रमाणशास्त्र की रचना की। दिग्नाग ने अपने प्रधान ग्रंथ का नाम प्रमाणसमुच्चय क्यों रखा, धर्मकीर्ति ने भी उसी तरह अपने श्रेष्ठ ग्रंथ का नाम प्रमाणवार्तिक क्यों घोषित किया, इसे हम उपरोक्त बातों पर ध्यान देकर अच्छी तरह समझ सकते हैं।

प्रमाण

प्रमाण क्या है ? धर्मकीर्ति ने उत्तर दिया[१]—दूसरे ढंग से (अज्ञात अर्थ के प्रकाशक, अ-विसंवादी) (वस्तुस्थिति के विरुद्ध न जाने वाले ज्ञान को कहते हैं। अ-विसंवाद क्या है—ज्ञान का कल्पना के ऊपर नहीं) अर्थ-क्रिया के ऊपर स्थित होना। इसीलिए किसी ज्ञान की प्रमाणता व्यवहार (प्रयोग, अर्थक्रिया) से है।[१]

प्रमाणसंख्या—अन्य भारतीय दार्शनिक शब्द, उपमान, अर्थोत्पत्ति आदि कितने ही और प्रमाणों को भी मानते हैं। धर्मकीर्ति अर्थक्रिया या प्रयोग को परमार्थ सत् की कसौटी मानते थे, इसलिए वह ऐसे ही प्रमाणों को मान सकते थे जो कि अर्थ-क्रिया पर आधारित हों।

"(पदार्थ—अलग-अलग लेने पर स्व-लक्षण शब्द आदि के प्रयोग के

---

१. प्रमाणवार्तिक, २/१

बिना केवल अपने रूप में मिलते हैं अथवा कइयों के बीच के सादृश्य को लेने पर सामान्य लक्षण—अनेकों में उनके आकार की समानता—में मिलते हैं, इस प्रकार) विषय के (सिर्फ) दो ही प्रकार होने से प्रमाण भी दो प्रकार का ही होता है। (इनमें पहला प्रत्यक्ष है और दूसरा अनुमान। प्रत्यक्ष का आधार वस्तु का स्वलक्षण—अपना निजी स्वरूप—है, और यह स्वलक्षण) अर्थक्रिया में समर्थ होता है, (अनुमान का आधार सामान्य-लक्षण —अनेक वस्तुओं में समानरूपता—है, और यह सामान्य लक्षण अर्थक्रिया में) असमर्थ होता है।"[१]

(क) **प्रत्यक्ष प्रमाण**—ज्ञान के साधन दो ही हैं, प्रत्यक्ष या अनुमान। प्रत्यक्ष क्या है ? —इन्द्रिय, मन और विषय के संयोग होने पर (कल्पना से बिल्कुलरहित) जो ज्ञान होता है (तथा जो) किसी दूसरे साधन द्वारा (अज्ञात अर्थ का प्रकाशक है, वह प्रत्यक्ष है और वह (कल्पना नहीं) सिर्फ प्रति-अक्ष से ही सिद्ध होता है। इस तरह प्रत्यक्ष वह अ-विसंवादी (अर्थ-क्रिया का अनुसरण करने वाला) अज्ञात अर्थ का प्रकाशक ज्ञान है जो कि विषय के सम्पर्क से उस पहले क्षण में होता है जब कि कल्पना ने वहां दखल नहीं दिया। धर्मकीर्ति ने दिग्नाग की तरह प्रत्यक्ष के चार भेद माने हैं।—इन्द्रिय-प्रत्यक्ष, मानस-प्रत्यक्ष, स्वसंवेदन प्रत्यक्ष और योगि-प्रत्यक्ष। यहां असंग के लोक-प्रत्यक्ष का पता नहीं है।

(ख) **अनुमान-प्रमाण**—अग्नि का ज्ञान दो प्रकार से हो सकता है, एक अपने स्वरूप से, जैसा कि प्रत्यक्ष से देखने पर होता है, दूसरा, दूसरे के रूप से, जैसे धुआं देखने पर एक दूसरी (रसोईघर की) आग का रूप याद आता है, और इस प्रकार दूसरे के रूप से इस धुएं के लिंग (चिह्न) वाले अग्नि का ज्ञान होता है—यह अनुमान है। चूंकि पदार्थ का स्वरूप और पर-रूप दो ही तरह से ज्ञान होता है, अतः प्रमाण के विषय (भेद) दो ही प्रकार के होते हैं, एक प्रत्यक्ष प्रमाण का विषय और दूसरा अनुमान का विषय।

किन्तु जो स्वरूप से, अनुमान ज्ञान होता है, वह जैसी (वस्तुस्थिति

---

१. प्रमाणवार्तिक २/४

स्थिति) है, उसके अनुसार नहीं लिया जाता, इसलिए (यह) दूसरे तरह का (ज्ञान) भ्रान्ति है। (फिर प्रश्न होता है (यदि) वस्तु का अपने नहीं) पर-रूप से ज्ञान (होता है, तो) (वह भ्रान्ति है) और भ्रान्ति को प्रमाण नहीं कह सकते (क्योंकि वह अ-वि-संवादी नहीं होगी।) (उत्तर है)–भ्रान्ति को भी प्रमाण न माना जा सकता है, यदि (उस ज्ञान का) अभिप्राय (जिस अर्थ से है, उस अर्थ) से अ-विसंवादी न हो (उसके विरुद्ध न जाय, क्योंकि) दूसरे रूप से पाया ज्ञान भी (अभिप्रेत अर्थ का संवादी) देखा जाता है।[1] यहीं पहाड़ में देख धुएं वाली आग के ज्ञान का हम अपने रूप से नहीं पा, रसोईघर वाली आग के रूप के द्वारा पाते हैं, परन्तु हमारे इस अनुमान ज्ञान से जो अभिप्रेत अर्थ (पहाड़ की आग) है, उससे उसका विरोध नहीं है।

अनुमान की आवश्यकता–वस्तु का जो अपना स्वरूप (स्वलक्षण) है, उस में कल्पना-रहित प्रत्यक्ष प्रमाण की जरूरत होती है (यह बतला चुके), किन्तु अनेक वस्तुओं के भीतर जो सामान्य है, उसे कल्पना के बिना नहीं ग्रहण किया जा सकता, इसलिए इस (सामान्य के ज्ञान) में अनुमान की जरूरत पड़ती है।[2]

अनुमान का लक्षण–किसी सम्बन्धी (पदार्थ, धूम से सम्बन्ध रखने वाली आग) के धर्म (लिंग, धूम) से धर्मी (धर्मवाली, आग) के विषय में (जो परोक्ष) ज्ञान होता है, वह अनुमान है।[3]

पहाड़ में हम दूर से धुआं देखते हैं, हमें रसोईघर या दूसरी जगह देखी आग याद आती है, और यह भी कि जहां-जहां धुआं होता है, वहां-वहां आग होती है फिर धुएं को हेतु बनाकर हम जान जाते हैं कि पर्वत में आग है। यहां आग परोक्ष है, इसलिए उसका ज्ञान उसके अपने स्वरूप से नहीं होता, जैसा कि प्रत्यक्ष आग में होता है, दूसरी बात यह है कि हमें यह ज्ञान सद्यः नहीं होता, बल्कि उसमें स्मृति, शब्द-

---

१ प्रमाणवार्तिकम् ३/१

२. प्रमाणवार्तिकम् ३/२८८

३. वही, ३/५४

अर्थ-सम्बन्ध—अर्थात कल्पना—का आश्रय लेना पड़ता है।

प्रमाण दो ही—प्रमाण द्वारा ज्ञेय (प्रमेय) पदार्थ स्वरूप और पर-रूप (कल्पना-रहित, कल्पना-युक्त) दो ही प्रकार से जाने जाते हैं। इनमें पहला प्रत्यक्ष रहते जाना जाता है, दूसरा परोक्ष (अ-प्रत्यक्ष) रहते। प्रत्यक्ष और परोक्ष छोड़ और कोई (तीसरा) प्रमेय संभव नहीं है, इसलिए प्रमेय के (सिर्फ) दो होने के कारण प्रमाण भी दो ही होते हैं। दो तरह के प्रमेयों को देखने से (प्रमाणों की) संख्या का (बढ़ाकर) तीन या (घटाकर) एक करना भी गलत है।[१]

मन और शरीर

(क) **एक दूसरे पर आश्रित**– मन और शरीर अलग हैं या एक ही हैं, इस पर भी धर्मकीर्ति ने अपने विचार प्रकट किये हैं। बौद्ध दर्शन के बारे में हम बतला चुके हैं कि बौद्ध आत्मा को नहीं मानते, उसकी जगह वह चित्त, मन और विज्ञान को मानते हैं जो तीनों ही पर्याय हैं। मन शरीर नहीं, किन्तु साथ ही मन काया के आश्रित है।[२] इन्द्रियां काया (शरीर) में होती हैं, यह हम जानते हैं। और (यद्यपि इन्द्रियों के बिना बुद्धि मन) ज्ञान नहीं होता, साथ ही इन्द्रियां भी बुद्धि के बिना नहीं होतीं, (इस तरह दोनों) (इन्द्रियां और बुद्धि) अन्योन्य-हेतुक (एक दूसरे पर निर्भर हैं) और इससे (मन और काया का) अन्योन्य-हेतुक होना (सिद्ध है)।

(ख) मन शरीर नहीं–मन और शरीर का इस तरह एक दूसरे पर आश्रित होना—हमें इस परिणाम पर पहुंचाता है कि मन शरीर से सर्वथा भिन्न तत्त्व नहीं है, वह शरीर का ही एक अंश है, अथवा मन और शरीर दोनों उन्हीं भौतिक तत्त्वों के विकास हैं, अतः तत्त्वतः उनमें कोई भेद नहीं—भूत से ही चैतन्य है, जो चैतन्य है वह भूत है। धर्मकीर्ति अन्य बौद्ध दार्शनिकों की भांति भूतचैतन्यवाद (भौतिकवाद या जड़वाद) का खण्डन करते हुए कहते हैं—प्राण—अपान, (श्वास-प्रश्वास) इन्द्रियां और

---

१. प्रमाणवार्तिक, ३/५५,५६

२. वही ३/६३,६४

बुद्धि (मन) की उत्पत्ति अपने से समानता रखनेवाले (सजातीय) पूर्व के कारण के बिना केवल शरीर से नहीं होती। यदि इस तरह की उत्पत्ति जन्मग्रहण होती, तो (प्राण-अपान-इन्द्रिय-बुद्धिवाले शरीर से उत्पन्न होने का) नियम न रहता (और जिस किसी भूत से जीवन-प्राण अपान-इन्द्रिय-बुद्धिवाला शरीर उत्पन्न होता)।[१]

जीवन वाले बीज से ही दूसरे जीवन की उत्पत्ति होती है, यह भी इस बात की दलील है कि मन (चेतना) भूतों की उपज नहीं है। कहीं-कहीं जीवन बीज के बिना ही जीव उत्पन्न होता दिखाई देता है, जैसे कि वर्षा में क्षुद्रकीट, इसका उत्तर देते हुए धर्मकीर्ति कहते हैं–

पृथ्वी आदि का ऐसा कोई अंश नहीं है, जहां स्वेदज आदि जन्तु न पैदा होते हों। इससे मालूम होता है, सब भूत से उत्पन्न होती दिखाई देने वाली वस्तुएं बीजात्मक हैं।[२]

आत्मवाद

(क) नित्यवाद का खण्डन–अनित्यवाद (क्षणिकवाद) का घोर पक्षपाती होने से बौद्ध दर्शन नित्यवाद का जबर्दस्त विरोधी है। भारत के बाकी सारे ही दार्शनिक किसी न किसी रूप में नित्यवाद को मानते हैं। जैन और मीमांसक जैसे आत्मवादी ही नहीं चर्वाक जैसे भौतिकवादी भी भूत के सूक्ष्मतम अवयव को क्षणिक (अनित्य) कहने के लिए तैयार नहीं थे, जैसे कि पिछली सदी तक के यूरोप के यान्त्रिक भौतिकवादी विश्व की मूल ईंटों–परमाणुओं–को क्षणिक कहने के लिए तैयार न थे।

दिग्नाग करते हैं[३]–कारण स्वयं विकार को प्राप्त होकर ही दूसरी चीज का कारण हो सकता है। धर्मकीर्ति ने कहा–जिसके होने के बाद जिस (वस्तु) का जन्म होता है, अथवा (जिसके) विकारयुक्त होने पर (दूसरी वस्तु) में विकार होता है, उसे उस (पीछेवाली वस्तु) का कारण

---

१. प्रमाणवार्तिक, २/४३

२. वही, २/३५

३. वही २/३५

कहते हैं।[1]

इस प्रकार कारण वही हो सकता है जिसमें विकार हो सकता है। नित्य (वस्तु) में यह (बात) नहीं हो सकती, अतः ईश्वर आदि (जो नित्य पदार्थ) है, उनसे कोई वस्तु उत्पन्न नहीं हो सकती।[2]

जिसे अनित्य नहीं कहा जा सकता, वह किसी (चीज) को हेतु नहीं हो सकता। (नित्यवादी) विद्वान् उसी (स्वरूप) को नित्य कहते हैं, जो स्वभाव (स्वरूप) से विनष्ट नहीं होता।[3]

यह भी बतला चुके हैं कि धर्मकीर्ति परमार्थ सत् उसी वस्तु को मानते हैं जो कि अर्थवाली (सार्थक) क्रिया (करने) में समर्थ हो। नित्य में विकार का सर्वथा अभाव होने से क्रिया हो ही नहीं सकती। आत्मा, ईश्वर तो इन्द्रिय आदि से अगोचर है साथ ही वह नित्य होने के कारण निष्क्रिय भी है, इतने पर भी उनके अस्तित्व की घोषणा करना साहस मात्र है।

(ख) आत्मवाद का खण्डन—चार्वाक और बौद्ध दर्शन को छोड़ बाकी सारे भारतीय दर्शन आत्मा को एक नित्य चेतन पदार्थ मानते हैं। बौद्ध अनात्मवादी हैं अर्थात् आत्मा को नहीं मानते। आत्मा को न मानने पर भी क्षण-क्षण परिवर्तनशील चेतना प्रवाह (विज्ञान-संतति) एक से दूसरे शरीर से जुड़ता (प्रतिसंधि ग्रहण करता) रहता है। चेतना (मन या विज्ञान) सदा कायाश्रित रहता है। जब कि एक शरीर का दूसरे शरीर से एक दम सन्निकट का सम्बन्ध नहीं है, मरनेवाले क शरीर भूलोक पर है और उसके बाद का सजीव बननेवाला ख शरीर मंगललोक में, ऐसी अवस्था में क शरीर को छोड़ ख शरीर तक पहुंचने में बीच की एक अवस्था होगी, जिसमें विज्ञान को काया से बिल्कुल स्वतंत्र मानना पड़ेगा, फिर मन कायाश्रित है, कहना गलत होगा। इसके उत्तर में बौद्ध

---

१. प्रमाणवार्तिक, २/२०८

२. कारणं विकृतिं गच्छज्जायतेऽन्यस्य कारणम्

३. प्रमाणवार्तिक, २/१८१-८२

कह सकते हैं कि हम मन को एक नहीं बल्कि प्रवाह मानते हैं, प्रवाह का अर्थ है निरन्तर अ-विच्छिन्न चली जाती एक वस्तु नहीं, बल्कि, हर क्षण अपने रूप से विच्छिन्न, सर्वथा नष्ट, होती तथा उसके बाद उसी तरह की किन्तु बिल्कुल नयी चीज का उत्पन्न होना, और इस.... नष्ट-उत्पत्ति-नष्ट-उत्पत्ति....से एक विच्छिन्न प्रवाह का जारी रहना। चेतन-प्रवाह इसी तरह का विच्छिन्न प्रवाह है, वह जीवन रेखा मालूम होता है, किन्तु है जीवन-बिन्दुओं की पांती। फिर प्रवाह को विच्छिन्न मान लेने पर मन कायाश्रित का मतलब मन के हर एक विन्दु को बिना काया के नहीं रहना चाहिए। क शरीर जो कि स्वयं क्षण-क्षण परिवर्तनशील शरीर-निर्मापक मूल बिन्दुओं (कणों) का विच्छिन्न प्रवाह है—अन्तिम चित्त-बिन्दु नष्ट होता है, उसका उत्तराधिकारी ख शरीर के साथ होता है। क शरीर (प्रवाह) के अन्तिम और ख शरीर (प्रवाह) के आदिम चित्त-बिन्दुओं (क-चित्त, ख-चित्त) के बीच यदि किसी ग चित्त-बिन्दु को मानें तब न आक्षेप किया जा सकता है कि ग चित्त-बिन्दु काया के बिना है। इस तरह स्थिर (नित्य या चिरस्थायी) नहीं, बल्कि बिजली की चमक से भी बहुत तेज गति से आंख मिचौनी (करने वाले चित्त-प्रवाह के अनात्म तत्त्व) को मानते हुए भी एक से अधिक शरीरों (शरीर-प्रवाहों) में उसका जाना सिद्ध करते हैं।

नित्य आत्मा नहीं

आत्मा को नित्य मानने वाले वैसा मानना सबसे जरूरी इस बात के लिए समझते हैं कि उसके बिना बंध—जन्म-मरण में पड़कर दुःख भोगना और मोक्ष—दुःखों से छूट कर परम (सुखी) हो विचरण करना, दोनों संभव नहीं। इस पर धर्मकीर्ति कहते हैं—

दुःख की उत्पत्ति में कारण (कर्म) बंध है, (किन्तु) जो नित्य है (वह निष्क्रिय है इसलिए) वह ऐसा कारण कैसे हो सकता है ? दुःख की उत्पत्ति न होने में कारण (कर्म से उत्पन्न बंध से) मोक्ष (मुक्त होना) है, जो नित्य है, वह ऐसा कारण कैसे हो सकता है? (वस्तुतः) जिसे अ-नित्य (क्षणिक) नहीं कहा जा सकता, वह कहते हैं, जो कि नष्ट नहीं होता।

इस लज्जाजनक दृष्टि (नित्यता के सिद्धान्त को) छोड़कर उस (आत्मा) को (अतः) अनित्य कहा।[1]

(ग) ईश्वर-खण्डन—ईश्वरवादी ईश्वर को नित्य और जगत् को कर्ता मानते हैं। धर्मकीर्ति ईश्वर के अस्तित्व का खण्डन करते हुए कहते हैं—

जैसे (स्वरूप से) यह (ईश्वर जगत् की सृष्टि के वक्त) कारण वस्तु है, वैसे ही (स्वभाव से सृष्टि करने से पहले) वह अ-कारण भी था। (आखिर स्वरूप एकरस होने से दोनों अवस्था में उसमें भेद नहीं हो सकता, फिर जब वह कारण) माना गया, उसी वक्त किस (वजह) से (वैसा) माना गया है (और) अ-कारण नहीं माना गया?

(कारक और अकारक दोनों अवस्था में एकरस रहने वाला ईश्वर जब कारण कहा जाता है, तो प्रश्न होता है)—राम (के शरीर) में शस्त्र के लगने से घाव और औषध के लगने से घाव-भरना (देखा जाता है), शस्त्र और औषध क्षणिक होने से क्रिया कर सकते हैं, इसलिए उनके लिए यह सम्भव है, किन्तु यदि (नित्य अतएव निष्क्रिय ईश्वर को कारक मानते हो, तो क्रिया आदि) सम्बन्ध रहित ठूंठ में ही क्यों न विश्व की कारणता मान लेते?

(यदि कहो कि ईश्वर के सृष्टि के कारक होने की अवस्था से अकारक अवस्था में विशेषता होती है, तो प्रश्न होगा ऐसा होने में उसका स्वरूप परिवर्तन हो जायगा, क्योंकि) स्वरूप में परिवर्तन हुए बिना (वह कारक नहीं हो सकता, और नित्य होने से) वह कोई व्यापार (क्रिया) नहीं कर सकता। और (साथ ही) जो नित्य है, वह तो अलग नहीं (सदा वहां मौजूद) है, (फिर उसकी सृष्टि-रचना सम्बन्धी) सामर्थ्य के बारे में यह समझना मुश्किल है (कि सदा अपनी उसी सामर्थ्य के रहते भी वह उसे एक समय ही प्रदर्शित कर सकता है, दूसरे समय नहीं)।

जिन कारणों के होने पर ही जो (कार्य) होता है, उन (कारणों) से अन्य को उस (कार्य) का कारण मानने पर (कारण ढूंढ़ते वक्त ईश्वर

---

१. प्रमाणवार्तिकम. २/१८३

तक ही जाकर थम जाना नहीं पड़ेगा, बल्कि) सर्वत्र कारणों का खात्मा ही नहीं होगा, (ईश्वर के आगे भी और तथा उससे आगे और.....कारण ढूंढ़ने पड़ेंगे।)

कारण वही होता है, जिसके स्वरूप में कार्य के उत्पादन के समय परिवर्तन होता है। भूमि आदि अंकुर पैदा करने में कारण अपने स्वरूप-परिवर्तन करते हुए होते हैं, क्योंकि उन (भूमि आदि) के संस्कार से अंकुर में विशेषता देखते हैं। (ईश्वर अपने स्वरूप में परिवर्तन किये बिना कारण नहीं बन सकता, और स्वरूप-परिवर्तन करने पर वह नित्य नहीं रह सकता)।[1]

ईश्वरवादी ईश्वर सिद्ध करने के लिए इसे एक जबर्दस्त युक्ति समझते हैं—सन्निवेश (खास आकार-प्रकार) की वस्तु को देखने पर कर्ता का अनुमान होता है, जैसे सन्निवेश वाले घड़े को देखकर उसके कर्ता कुम्हार का अनुमान होता है। इसका उत्तर देते हुए धर्मकीर्ति कहते हैं—

किसी वस्तु (घट) के बारे में (पुरुष की उपस्थिति में सन्निवेश का होना यदि) प्रसिद्ध है, तो उसके एकसे शब्द (सन्निवेश पुरुषपूर्वक होता है) की समानता से कुम्हार की तरह ईश्वर का अनुमान करना ठीक नहीं, जैसे कि (एक जगह कहीं) पीले रंगवाले धुएं को देखकर आग का अनुमान करते चलें। यदि ऐसा न मानें तब तो चूंकि कुम्हार ने मिट्टी के किसी घड़े आदि को बनाया, इसलिए दीमकों के टीले को कुम्हार की ही कृति सिद्ध करना होगा।[2]

सामग्रीकारणवाद के बारे में कहते वक्त धर्मकीर्ति बतलाते हैं कि कोई एक वस्तु कार्य को नहीं उत्पादन करती, अनेक वस्तु मिलकर अर्थात् कारण-सामग्री कार्य करने में समर्थ होती है।

कृतियां

निम्नलिखित तालिका की पुस्तकों में से दस ही धर्मकीर्ति की हैं। सभी कृतियां चीनी, तिब्बती में उपलब्ध हैं।

१. प्रमाणवार्कि, २/२०२-२०५

२. वही, २/२१-२५

३. प्रमाणवार्तिकम्, २/१२-१३

ग्रंथ	संच्यक	विषय	परिमाण	श्लोक	अनुवादक	समय
१. दर्शन						
१. प्रमाणशास्त्र						
१. न्यायविन्दु	तिब्बती ४२१२	प्रमाण चे	२३१ख१-३८क६	१७५	परहितभद्र+ब्लो शेस्	१०५६-११०८
२. प्रमाणवार्तिक	" ४२१०	"	६४ख१-१५१क७	१४२५	सुभूतिश्रीशांति+द्गे, ब्लो	१०६० ई०
३. " वृत्ति	" ४२१६	"	२६१ख१-३६५क७	२६००	०	
४. प्रमाणविनिश्चय	" ४२११	"	१५२ख१-२३०क७	४२००	परहितभद्र+ब्लो शेस्	१०५६-११०८
५. वादन्याय	" ४२१८	" छे	३२६ख४-५५ख५	७२५	ज्ञानश्रीभद्र+द्गे, ब्लो	"
					शोधक : दीपंकर+दरम दर, म, ग्रग्स	११००
६. संतांनांतरसिद्धि	" ४२१९	"	३५५ख५-५९क७	९०	विशुद्धसिंह+द्पल्ब्वेग्स्	११०० ई०
७. संबंधपरीक्षा	" ४२१४	" चे	२५५क२-५६क२	२५	सुभूतिश्री+तिङ्,ब्सङ्	
८. वृत्ति	" ४२१५	"	२५६क२-६१क७	१३०	विशुद्धसिंह+द्पल्ब्वेग्स्	८२०
९. हेतुविंदु	" ४२१३	"	२३८क७-५५क१	४२५	प्रज्ञावर्मा	"

	ग्रंथ	संच्यक	विषय	परिमाण	श्लोक	अनुवादक	समय
	१. विज्ञानवाद						
१०.	अभिसमयालंकारवृत्ति	ति ३७९४	प्रज्ञा ज	१४०ख१-२४५क७	३६००	दीपंकरश्री+रिन्, छेन	
				२. कथा			
११.	जातकमालाटीका	ति ४१५१	जातक कु	१३५ख१-३४०क७	५१००	जनार्दन+शाक्य ब्लो	१००० ई०
				३. अन्य			
	१. विधि						
१२.	मंडलतिलकविधि	ति २५०८	तंत्र रि	२१५ख७-१६क५	१२	०	
१३.	सर्वदुर्गतिशोधनहोमविधि	" २६३७	तंत्र जु	२०७ख४-८क२	"	धर्मपाल-द्गे, बडि ब्लो	१००० ई०
	२. स्तोत्र						
१४.	बुद्धनिर्वाणस्तोत्र	ति ११५८	स्तो क	२०३ख१-४क५	२५	०	
१५.	वज्रडाकस्तोत्रदंडक	" १४४२	तं, व	२४२क१-४३ख६	२५	माणिकश्रीज्ञान+पल्, गिय, म्थङ्, चन्	